MARIA VIRGÍNIA BATTISTONI

Sob o Manto de Maria, Rainha da Paz

EDITORA SANTUÁRIO
Aparecida-SP

Coordenação Editorial: Elizabeth dos Santos Reis
Revisão: Ana Lúcia de Castro Leite
Diagramação: Marcelo Antonio Sanna
Capa: Iracelita P. Bonfim

Dados Internacionais de Catalogação na Publicação (CIP)
(Câmara Brasileira do Livro, SP, Brasil)

Battistoni, Maria Virgínia
Sob o Manto de Maria, Rainha da Paz / Maria Virgínia Battistoni. — Aparecida, SP: Editora Santuário, 2003.

Bibliografia
ISBN 85-7200-865-9

1. Maria, Virgem Santa – Aparições e milagres – Medjugorje 2. Maria, Virgem, Santa – Culto 3. Nossa Senhora Rainha da Paz I. Título.

03-4489 CDD-232.917

Índices para catálogo sistemático:

1. Maria, Mãe de Jesus: Aparições e milagres: Medjugorje: Cristianismo 232.917
2. Medjugorge: Aparições de Nossa Senhora: Cristianismo 232.917

Composição, impressão e acabamento:
EDITORA SANTUÁRIO - Rua Padre Claro Monteiro, 342
Fone: (0xx12) 3104-2000 — 12570-000 — Aparecida-SP.

Ano: 2007 2006 2005 2004 2003
Edição: **10 9 8 7 6 5 4 3 2 1**

Dedico este livro:

A Nossa Senhora Rainha da Paz, essa Mãe amorosa, que sempre esteve presente em minha vida, para conduzir-me a seu Filho Jesus e ao caminho da conversão. Agradeço seu amor por todos nós e sinto, em meu coração, o desejo de retribuir-lhe as inúmeras graças recebidas, fazendo-a mais conhecida por todos.

A Jesus querido, meu Deus e Salvador, que Nossa Senhora Rainha da Paz gerou em meu coração, de maneira tão forte, quando estive em Medjugorje pela primeira vez, em 1988.

A meu marido Décio, que compartilhou comigo todas essas experiências, me incentivou e apoiou em todas as iniciativas e trabalhos que pude realizar.

A meus filhos Ana Paula, Danielle, Renata Cristina, Décio Luiz, a meu genro Marcos e a minha neta Isabella (essa linda flor que Deus fez brotar em nossa família). Rogo à Virgem Rainha da Paz que os preserve de todo o mal.

A meus irmãos, aos quais amo muito e a meus pais já falecidos, por me terem gerado e trazido a este mundo.

A todos os parentes e amigos, desejando de coração que encontrem a verdadeira Paz, a Paz que vem de Deus!

«De onde me vem esta honra de vir a mim
a Mãe de meu Senhor?»
(Lc 1,43).

«Bem-aventurados os pés do mensageiro
que anuncia a paz e o Senhor!»
(Is 52,7).

PREFÁCIO

«De agora em diante, todas as gerações me chamarão Bem-aventurada» (Lc 1,48b).

A Bem-aventurada e sempre Virgem Maria tem, no decorrer dos séculos, mostrado sua presença materna e constante, em momentos difíceis para a Igreja e para seus filhos e filhas: Guadalupe, Fátima, Lourdes e tantos outros, revigoram a fé do Povo de Deus, incentivam a caridade e o amor para com os «mais pobres dos pobres».

Estive em Medjugorje uma única vez, em fevereiro de 2002, com um grupo de amigos e paroquianos. Era inverno, mas mesmo assim encontramos aquilo que o próprio Evangelho, Palavra viva de Deus, nos pede: paz, conversão, oração, jejum e vida sacramental.

O que mais é necessário, senão seguir o Evangelho, porque nele seguimos o próprio Cristo Senhor?

Sabemos que «Deus é amor» (Mt 6,34) e que maior prova de amor podemos querer, após ter Ele enviado seu Filho único para nos salvar, nos envia também sua Mãe, para levar-nos a Ele?

Sem querer antecipar em momento algum o parecer da Igreja, Mãe e Mestra na fé, apresentamos aos irmãos e irmãs este livro, fruto de uma vida e de uma experiência de amor.

Jundiaí, 15 de agosto de 2002
Solenidade de Nossa Senhora do Desterro
Padroeira Diocesana

Pe. Paulo Toni Jr.
Vigário Judicial de Jundiaí, São Paulo

Primeira Parte

MEDJUGORJE
Conhecer, viver, testemunhar

Nestes relatos, deixo minha impressão sobre essa Mãe amorosa, que se aproxima de seus filhos para educá-los na fé, para aproximá-los de Jesus e para ajudá-los a fazer a vontade de Deus.

A pedagogia dessa Mãe celeste em minha vida teve a minha resposta.

Embora eu reconheça ter sido com passos lentos, levou-me a entender pouco a pouco seus planos e o que Ela queria que eu fizesse.

Mesmo tendo eu me distanciado de seu grande amor, ela sempre esteve ao meu lado, vem me visitar sempre e incansavelmente me chama para perto de si, dando-me muitos sinais de sua presença, ajudando-me a corrigir o caminho errado, levando-me à conversão.

Somente agora, após quinze anos, senti o desejo de testemunhar, de relatar meu conhecimento, minha vivência de Medjugorje e espero poder transmitir, com fidelidade, os fatos que, embora tenham acontecido ao longo desses quinze anos, estão bem vivos e gravados em meu coração.

1.

MEDJUGORJE
– UM PEDACINHO DO CÉU...

Medjugorje tornou-se para mim um caminho verda-deiro, um porto seguro através do qual Maria Santíssima me coloca pertinho de Jesus, de sua Paz, de seu Amor mise-ricordioso, e me convida a partilhar de seus planos, planos de salvação, de santificação para toda a humanidade.

Prepara-nos para o céu, que podemos experimentar aqui na terra e foi o que me aconteceu, quando conheci Medjugorje. Realmente é um lugar abençoado, que Maria transformou com seus planos e mensagens, num porto seguro, uma Igreja modelo de onde brotam fontes de graça, paz e felicidade em abundância. Lugar de oração, onde Jesus é mais amado do que tudo e todos!

Medjugorje é um pedacinho do céu. Devo reconhecer a graça que recebi por ter conhecido Medjugorje.

Maria Santíssima, Rainha da Paz, Mãe amorosa que nos suplica orações e nos agradece termos atendido a Teu chamado! Quem somos nós, pobres pecadores, ó Mãe querida, para que Tu venhas do céu a nos suplicar e agradecer? Não somos dignos do Teu agradecimento, mas Tu nos provas com Tua presença, que és Mãe, que não abandonas teus filhos e vens para nos ensinar a suplicar e agradecer!

Obrigada, Mãezinha, e me perdoa por ter demorado tanto tempo em fazer-te conhecida por todos...

O saudoso Frei Clemente

Há mais ou menos 16, 17 anos, ouvi falar pela primeira vez de Medjugorje. Eu dava aulas de catecismo para crianças, preparando-as para a primeira Eucaristia, na Paróquia de Santa Terezinha, cujo Pároco era o Frei Clemente da Costa Neves, O.C. (já falecido). Durante a homilia, em algumas Missas de domingo, Frei Clemente falava de Medjugorje, das mensagens de Nossa Senhora Rainha da Paz. Frei Clemente era uma pessoa especial. Sacerdote carmelita, tinha uma postura tradicional conservadora, e tinha um carinho muito grande pelas crianças. Eu o admirava muito e depositava nele uma grande confiança. Embora não pertencesse a sua Paróquia, pois moro do outro lado da cidade, obtive seu consentimento para que meus filhos freqüentassem em sua Paróquia, o catecismo em preparação à primeira Eucaristia, e também fui aceita como catequista. Durante nove anos, freqüentei sua Paróquia, juntamente com meu marido e meus quatro filhos. Interessada em conhecer mais sobre Medjugorje, comprei alguns livros e assisti a algumas fitas de vídeo. Eu já acreditava nas aparições de Medjugorje.

Maria Santíssima, a serva de Deus

Maria Santíssima é a serva do Senhor, aquela que na humildade e no silêncio coloca-se em disponibilidade para fazer a vontade de Deus, estando a serviço de Deus.

Assunta ao Céu, é proclamada Mãe da Igreja e de todos os povos, por seu próprio Filho, Nosso Senhor Jesus Cristo.

Sempre tive em meu coração a certeza de que quando a Virgem Maria aparece aqui neste mundo, como em Lourdes, em Fátima, está trazendo aos homens uma mensagem de Deus, está a serviço de Deus Pai e de seu Filho Jesus.

Como nossa Mãe, deseja proteger-nos dos perigos que

corremos, quando nos afastamos de Deus; por isso vem a nós com suas mensagens, para nos aproximar de Jesus. Intercede por nós e deseja nossa salvação.

Por isso penso que devemos encarar com seriedade todos os seus apelos...

Quando ouvi falar de Medjugorje, onde a Virgem que se apresenta como Rainha da Paz traz mensagens a toda a humanidade, desde 1981, senti que algo de sério estava acontecendo... São apelos diários, durante longos anos, e isto nunca se viu na história da humanidade:

«Paz! Paz! Paz! Reconciliai-vos com Deus e entre vós. O mundo está à beira de uma catástrofe. Se quiser a salvação deve recuperar a paz, mas a paz, tê-la-ão os homens se se voltarem para Deus. Digam ao povo: eu vim para dizer ao povo que Deus existe! Deus é a vida e aqueles que encontrarem a Deus encontrarão a vida, encontrarão a paz!» (25-06-81).

Seus apelos de paz, de reconciliação com Deus e com os homens são feitos em uma região do mundo que vivia assentada como que em um barril de pólvora... Nessa região, dez anos após a primeira aparição, explodia em 1991 uma guerra cruel, que durou quatro anos.

Localização de Medjugorje — a aldeia eleita

Medjugorje fica na Bósnia Herzegovina, país que no início das aparições era apenas um Estado da antiga Iugoslávia.

A antiga Iugoslávia, país comunista, onde o ateísmo era propagado amplamente através das escolas e dos meios de comunicação (monopólio do governo), era um mosaico de etnias (18), com culturas diversificadas (quatro idiomas oficiais: sérvio, croata, esloveno, macedônio) e que não se mantinham unidas. O exercício das religiões era tolerado, desde que se restringisse aos respectivos templos.

No sul da Bósnia-Herzegovina, a poucos quilômetros do mar Adriático, encontra-se Medjugorje (pronuncia-se Mediugórie), um vilarejo tão simples, que não se encontrava sequer nos mapas geográficos. Etimologicamente, Medjugorje significa «no meio dos montes», nome que lhe veio do fato de estar aninhada entre montanhas de modesta altura e de suaves contornos.

O monte mais alto tem 520 metros e chamava-se outrora de Sipovac, até 1933, ano em que os habitantes de Medjugorje levantaram lá em cima uma grande cruz de cimento, com mais de doze metros de altura, em homenagem aos 1.900 anos da morte e ressurreição de Jesus Cristo. Trabalharam em sua construção todos os moradores do lugar, jovens e velhos, que também carregavam nos ombros, montanha acima, todo o cimento e ferro necessários. O monte da cruz passou a chamar-se então Krizevak. Nos últimos anos, foi fixada ao longo do Krizevak, uma Via-Sacra com as quatorze estações esculpidas em placas de bronze.

Há mais de 50 anos o povo se acostumou a subir as encostas do Krizevak em silêncio, com o terço na mão e, especialmente nos últimos anos, as mães e esposas dos que trabalham no exterior, convencidas de que só o Cristo pode salvar a unidade das famílias.

Medjugorje pertence à Diocese de Mostar e politicamente ao município de Citiluk. A Igreja, localizada no meio dos campos (começou a ser construída em 1937 e foi terminada em 1969), é a Paróquia de São Tiago (patrono dos peregrinos) e foi confiada aos padres franciscanos. Os padres franciscanos ali chegaram como missionários no século quatorze.

No período da dominação turca (1482 a 1878) — quatro séculos em que muitos cristãos pagaram com a vida até o mínimo gesto de rebelião: eram decapitados, e suas cabeças espetadas em varas, expostas na praça, em sinal de advertência — os padres franciscanos perderam todos os seus conventos, todas as suas

Igrejas e casas. Celebravam missas às escondidas, nas residências, nos estábulos, nas lavouras. E porque não se permitia qualquer forma de instrução escolar, o povo crescia analfabeto. Então, eles iam de aldeia em aldeia e assistiam à população como padres, professores e até como médicos. Compunham cânticos, nos quais representavam a vida e a paixão de Cristo e insistiam na oração familiar, como o maior tesouro que se podia possuir. Por isso, os franciscanos passaram a representar, aos olhos desse povo, o símbolo da verdadeira fé, na qual encontravam forças para manter a serenidade e a perseverança.

A escassez de recursos forçou muitos jovens e chefes de família a emigrarem, à procura de trabalho, principalmente para a Alemanha. A falta de fontes, as contínuas secas, a luta contra as intempéries suavizaram o caráter dessa gente que é frugal, tenaz, decidida, agarrada às tradições, mas evoluída a seu modo (não há analfabetismo), aberta às novidades, cordial e generosa. É um povo aberto a novos caminhos, desde que não entrem em conflito com sua fé e identidade, mas sem esquecer os caminhos tradicionais.

Deus escolhe, para se manifestar, os ambientes onde florescem a humildade, a simplicidade e o silêncio, a fim de melhor fazer brilhar seu projeto...

Foi justamente nesse lugar da terra, onde se misturam culturas e etnias sem afinidades e onde as diferenças políticas e religiosas aparecem tão estridentes, que a Virgem quis descer com seu pedido de perdão, reconciliação e paz, acentuando repetidas vezes que todos são filhos seus, quer sejam católicos, ortodoxos, maometanos ou ateus. Perdão e reconciliação não só para aquele país, mas para todas as nações que hoje estão dilaceradas por ódios raciais, discriminações e discórdias.

Os acontecimentos de Medjugorje desenrolaram-se, até agora, num país cujo regime oficial professa o ateísmo. Houve portanto, no princípio das aparições, fortíssimas resistências a esses acontecimentos, inaceitáveis e impossíveis, segundo a visão marxista, que via em tudo pura mistificação.

Hoje, tanto as autoridades como a imprensa consideram as aparições como um fenômeno exclusivamente religioso, desprovido de implicações políticas e, por isso mesmo, perfeitamente legal; além disso, benéfico para a economia nacional. Isso porque os acontecimentos de Medjugorje demonstraram tratar-se de um movimento religioso, em que se fala de Paz (Mir).

2.
Como tudo começou...

Era uma quarta-feira, dia 24 de junho de 1981. O mundo católico celebra nessa data a solenidade de São João Batista. Duas jovens, de nomes Ivanka e Mirjana, passeavam na encosta da colina do Podbrdo e, ao longo do caminho, colhiam flores silvestres. Ivanka, ao acaso, dirigiu seu olhar para o monte e notou alguma coisa que despachava forte brilho. Fixou melhor o olhar e viu a figura da Santíssima Virgem, e instintivamente exclamou:

— *«Olha, a Gospa (Senhora), no monte!»*

A companheira, que estava distraída, chocou-se com a observação de Ivanka e advertiu:

— *«Fique quieta! Alguém pode escutar. Você está pensando que Nossa Senhora poderia aparecer para nós?»*

Ivanka concordou e ambas foram para casa. Quando retornavam, encontraram-se com Milka, que lhes pediu ajuda para arrebanhar umas ovelhas que tinham fugido lá para cima. As duas aceitaram e voltaram pelo mesmo caminho. Ivanka curiosamente olhou para o monte e tornou a dizer, apontando com o dedo:

— *«Olhem, lá está outra vez a Gospa!»*

Dessa vez, as outras companheiras olharam e viram a aparição: a silhueta, de um cinzento prateado, parece planar sobre uma nuvenzinha, logo acima do chão. Traz no braço direito uma criança. A Senhora lhes acena com a mão, como a dizer-lhes: *«Aproximem-se!»*

Eis que naquele momento chega outra jovem, amiga delas, de nome Vicka, que aproximando-se do lugar onde estavam suas amigas, e ao ver também a aparição, ficou tão espantada que tirou os sapatos e desandou a correr em desabalada carreira. Refeita do susto, voltou imaginando que, se fosse Nossa Senhora, não haveria motivo para ter medo. Passava igualmente pelo mesmo caminho um rapaz, Ivan. As moças o chamaram e apontaram-lhe a visão. Enquanto durou a aparição os jovens permaneceram juntos nas encostas do monte Crnica, estáticos, sem falar, olhos fixos na visão. Desaparecida a imagem luminosa de Nossa Senhora, retornaram a casa, comentando o episódio extraordinário, com justificada emoção e perplexidade.

Não guardaram segredo do acontecido, mas ninguém lhes dava crédito, mesmo porque eles eram criaturas comuns que nada tinham de singular para merecer a visita de Nossa Senhora.

Diálogo com Nossa Senhora

Ao entardecer do dia seguinte, 25 de junho, Ivanka e Mirjana dirigiram-se para o mesmo local, na esperança de verem novamente a «Gospa». Acompanhavam-nas Vicka, Ivan, Jakov e Marija, todos de idades aproximadas, com exceção de Jakov, um garotinho de 10 anos, o mais novo deles. Foram esses os seis videntes, em torno dos quais se desenrolaram e estão a desenrolar-se os acontecimentos sobrenaturais até os dias de hoje.

Ao chegarem ao monte da aparição, lá estava a Virgem, envolta em fulgurante claridade, de pé, a alguns centímetros do solo, com os braços estendidos, fazendo sinal para que se aproximassem. Saíram os seis jovens a correr em velocidade espantosa, como se tivessem asas, em direção à Virgem luminosa, e, apesar de passarem por pedras, moitas e espinheiros, nenhum deles teve qualquer escoriação. Perto dela, em meio a uma vibrante comoção, caíram de joelhos e puseram-se a rezar. A Virgem reza com eles o Pai-nosso e o Glória. Tão linda, tão amável, tão próxima que poderiam tocá-la se quisessem. Seus traços fisionômicos agora se tornavam nítidos, os cabelos pretos ondulados aparecem sob o véu. Ao redor da cabeça doze estrelas, que nada sustenta nem mantém unidas. Os olhos azuis fitavam-nos com profundo afeto.

Ivanka, cuja mãe tinha morrido havia pouco mais de dois meses, presa de emoção, tomou a palavra e perguntou à Santíssima Virgem sobre sua mãe.

— *«Está bem, é feliz comigo. Ela é seu anjo no céu!»*, foi a resposta da Virgem.

Perguntaram, em seguida, se a Senhora voltaria no dia seguinte.

— *«Sim, virei!»* e, olhando-os com doçura, acrescentou:

— *«Vão na paz de Deus!»*, e desapareceu.

O terceiro dia da aparição...

No terceiro dia, 26 de junho de 1981, com as notícias das aparições agora acreditadas por muitos, o local em que se dignou aparecer a Virgem Santíssima estava tomado de muita gente (estariam no local entre duas a três mil pessoas), quando lá chegaram os jovens videntes. Mal haviam começado a rezar, três relâmpagos se sucederam, quais raios a anunciarem uma tempestade, caindo a uns sessenta metros do local em que Nossa Senhora havia aparecido no dia anterior. O monte Crnica, de vegetação agreste e escassa, caracteriza-se mais pelo solo pedregoso e pelos espinheiros sem conta. Dizem as testemunhas que os jovens, ao dar-se a presença de Nossa Senhora, visível para eles, locomovem-se em direção à Virgem, com tal rapidez e mobilidade que seria de se esperar vê-los tropeçarem ou ferir-se nas pedras e espinhos. Nada disso porém acontece. Nem a menor arranhadura os fere. São como que levados por asas, e, por onde passam, não lhes toca a matéria nociva.

Na terceira aparição, como ainda duvidassem da presença real da Virgem Santíssima, levaram água benta e uma das jovens, Vicka, aspergiu a visão, dizendo:

— «Em nome do Pai, do Filho e do Espírito Santo. Se és a Mãe de Deus, fica conosco, se não, vai-te embora».

Nossa Senhora sorriu e Ivanka perguntou-lhe quem era, o que desejava e por que os havia escolhido; ao que ela respondeu:

— *«Eu sou a bem-aventurada Virgem Maria».*

— *«Vim porque existem aqui muitos cristãos verdadeiros. Desejo estar com vocês para convertê-los e reconciliar a todos. Não escolho necessariamente os melhores. Apareci aqui porque desejo estar com meus fiéis. Desejo que o povo se converta e que todos entendam que devem retornar ao bom caminho, enquanto é tempo...».*

E se despede afetuosamente:

— *«Vão na paz de Deus!».*

Os jovens acharam Nossa Senhora radiante e mais sorridente que no dia anterior. Eles também estavam radiantes, agora não tinham mais dúvidas, não era uma alucinação, mas sim uma presença viva, linda, maravilhosa. A aparição durou entre vinte e trinta minutos, e eles acreditaram tratar-se verdadeiramente da Mãe de Deus.

Tudo terminado, a multidão começa a abandonar o local. Marija segue com algumas senhoras. Ao chegar ao pé do monte, viu novamente Nossa Senhora, acompanhada de uma grande cruz. Ela chorava e dizia:

— *«Paz, paz, paz! Reconciliem-se! Os homens devem reconciliar-se com Deus e entre si. Para isso precisam crer, rezar, jejuar e confessar-se!».*

O quarto dia...

No dia 27 de junho de 1981, Nossa Senhora apareceu três vezes aos jovens. Eles fizeram-lhe muitas perguntas, às quais Ela respondeu de boa vontade. A respeito dos sacerdotes, disse:

— *«Os sacerdotes creiam firmemente e defendam a fé do povo».*

Mirjana e Jakov pediram-lhe novamente que deixasse algum sinal porque tinha-se difundido o boato de que os jovens eram mentirosos e drogados, ao que a Senhora respondeu:

— *«Não tenham medo de nada!»*.

À pergunta que eles lhe fizeram, se Ela voltaria, Nossa Senhora, inclinando a cabeça, respondeu que sim. Enquanto desciam do Podbrdo, Ela apareceu ainda uma vez e despediu-se dos jovens com as palavras:

— *«Adeus, meus anjos. Vão em paz!»*.

O quinto dia...

No dia 28 de junho de 1981, desde a madrugada, começou a juntar-se uma grande multidão que provinha de todas as partes. Pelo meio-dia já estavam lá cerca de 15 mil pessoas. Naquele mesmo dia, o Pároco, Frei Jozo Zovko, interrogou todos os jovens a respeito de tudo o que tinham visto nos dias anteriores. Na hora habitual a Senhora apareceu de novo. Os jovens rezaram junto com Ela e depois fizeram-lhe algumas perguntas. Vicka perguntou-lhe o que Ela desejava dos sacerdotes, ao que Ela respondeu:

— *«O povo reze e creia firmemente. Quanto aos sacerdotes, exorto-os a crer firmemente e a ajudar nisto aos outros»*.

Os jovens perguntaram-lhe se poderia aparecer na Igreja, onde todo o povo pudesse vê-la, ao que Ela respondeu:

— *«Bem-aventurados aqueles que crêem sem terem visto...»*.

O sexto dia...

Em 29 de junho de 1981, os jovens foram presos e levados a Mostar para um exame médico. Após o exame foram declarados sadios. A doutora que chefiava a equipe disse, naquela ocasião: *«Loucos são aqueles que os trouxeram aqui; vocês são normais...»*.

Naquele dia, no monte das aparições, juntou-se tanta gente como jamais se vira antes. Apenas os jovens chegaram ao local de costume e começaram a rezar, logo apareceu-lhes Nossa Senhora. Exortou toda a multidão à fé, dizendo:

— *«Há um só Deus e uma só fé. Que o povo creia firmemente e não tenha medo»*.

A Igreja de São Tiago torna-se repleta de fiéis...

Nos dias que se seguiram, as autoridades e os policiais impediam o acesso ao lugar das aparições sobre o Podbrdo, proibindo aos jovens e ao povo de ir lá em cima. Porém, Nossa Senhora continuou a aparecer-lhes regularmente em outros lugares, em suas casas e no campo. O povo dirigiu-se para a Igreja, onde começaram a recitar o Rosário antes da Missa diária. Eis assim a paróquia estabelecida na oração, no jejum e na Missa diária. E a oração continua muito além da Missa. Para atender a tantas confissões, foi necessário chamar outros sacerdotes. Os peregrinos eram em grande número, nada os detinha. Sinais luminosos e extraordinários foram vistos por milhares de pessoas, no céu, no monte Krizevac, sobre a grande Cruz. Os jovens, perseguidos pela polícia, tinham agora as aparições individuais em suas próprias casas. Em outubro, com o início do ano letivo, Mirjana retorna aos estudos em Sarajevo e Ivanka em Mostar, onde cada uma tem em sua própria casa a aparição diária.

3.
As mensagens

Segundo o testemunho unânime dos videntes, Nossa Senhora, no transcorrer de suas aparições, confiou-lhes determinadas mensagens para transmiti-las aos homens, primeiro aos habitantes de Medjugorje e, depois, para toda a humanidade. Podemos agrupá-las em cinco mensagens fundamentais, porque todas as outras pressupõem, pedem ou exigem estas cinco: *paz, conversão, oração, jejum e vida sacramental.*

Sentimos no ar poluído que respiramos o proliferar das notícias de crimes, assaltos, seqüestros, suicídios, guerras e guerrilhas, terrorismo, medo, insegurança em quase todos os lugares do mundo.

Em Medjugorje, Nossa Senhora mostra-se preocupada com o futuro de seus filhos, alertando-os para o perigo da televisão que mata o diálogo na família e toma o tempo que deveria ser dedicado à oração. Em muitas ocasiões falou das grandes tensões planetárias e como o mundo se encontra à beira da catástrofe e *precisa urgentemente de paz, através da conversão; da conversão através da fé, da oração e do jejum.*

A Paz (MIR)

A paz verdadeira, o homem só encontra em comunhão com Deus. Os maiores obstáculos para a paz e, conse-qüentemente, para a verdadeira comunhão com Deus, são as preocupações e as desilusões da vida, as obrigações prementes, o sofrimento inevitável e outras angústias. Para todas essas situações, Nossa Senhora indica a oração como uma premissa indispensável para encontrar a paz interior e poder preservá-la.

Em Medjugorje, Maria apresentou-se como Rainha da Paz. A partir de então, voltou ao assunto repetidas vezes:

— *«Paz! Paz! Paz! Nada mais que a Paz! A Paz deve ser restabelecida entre Deus e o homem e entre os homens, uns com os outros. Obrigada por terem atendido a meu chamado» (27/06/81).*

— *«Eu sou a Rainha da Paz. Meu desejo é que se celebre aqui a festa da Paz, no dia 25 de junho. Vim para revelar uma mensagem de Paz para toda a humanidade. Obrigada por terem atendido a meu chamado» (04/82).*

— *«Não há Paz sem oração. Por isso lhes digo: rezem pela Paz diante da Cruz. Obrigada por terem atendido a meu chamado» (06/09/84).*

— *«O ódio gera discórdia. Não enxerga mais nada nem ninguém. Convido-os a serem portadores da concórdia e da paz, principalmente lá onde vivem. Ajam com amor. O amor seja sempre seu único modo de agir. Com o amor vocês convertem em bem tudo o que satanás tenta destruir e fazer seu. Obrigada por terem atendido a meu chamado» (31/07/86).*

— *«Convido-os a rezarem pela Paz. Rezem para que na oração possam conhecer a Paz que Deus lhes dá. Obrigada por terem atendido a meu chamado» (23/10/86).*

— *«Vivam a paz em seus corações e em seus ambientes, a fim de que todos possam conhecer a paz, que não provém de vocês, mas de Deus. Obrigada por terem atendido a meu chamado» (25/12/88).*

— «Queridos filhos, convido-os hoje à paz. Vim como Rainha da Paz e quero enriquecer vocês com a minha paz materna. Queridos filhos, eu os amo e desejo levar todos vocês à paz que só Deus pode dar e que enriquece cada coração. Convido-os a serem mensageiros e testemunhas de minha paz, neste mundo sem paz. Que em toda a Terra reine a paz, tão ardentemente desejada por todos. Dou-lhes minha bênção materna. Obrigada por terem atendido a meu chamado» (25/07/90).

— «Queridos filhos, peço-lhes hoje que se decidam por Deus, pois a inquietação de seus corações resulta em seu afastamento de Deus. Deus é a própria paz, por isso, aproximem-se dele pela oração pessoal. Em seguida, vivam a paz em seus corações. Dessa maneira, a paz de seus corações correrá como um rio sobre o mundo inteiro. Não falem de paz, façam a paz! Abençôo a cada um de vocês e cada uma de suas boas decisões. Obrigada por terem atendido a meu chamado» (25/02/91).

— «Queridos filhos, convido-os hoje a rezar pela paz. Nestes tempos a paz é particularmente ameaçada e peço-lhes que renovem o jejum e a oração em suas famílias. Desejo que compreendam a gravidade da situação e que grande parte do que vai acontecer depende de sua oração. E vocês rezam pouco. Estou com vocês e convido-os a começar a rezar e jejuar com seriedade, como nos primeiros dias de minha vinda. Obrigada por terem atendido a meu chamado» (25/07/91).

— «Hoje, como nunca antes, os convido a rezarem pela paz: a paz em seus corações, a paz nas famílias e a paz no mundo inteiro, porque satanás quer a guerra, quer a ausência da paz e deseja destruir tudo o que é bom. Por isso, queridos filhos, rezem, rezem, rezem! Obrigada por terem atendido a meu chamado» (25/03/93).

— «Queridos filhos, hoje eu me alegro e rezo com vocês pela paz; a paz em seus corações, a paz em suas famílias, a paz em

seus desejos e a paz no mundo inteiro. Que o Rei da paz os abençoe e lhes dê a paz. Abençôo-os e carrego cada um em meu coração. Obrigada por terem atendido a meu chamado» (25/12/94).

— *«Queridos filhos, convido-os hoje a decidirem-se pela paz. Rezem a Deus para que Ele lhes dê a verdadeira paz. Vivam a paz em seus corações e compreenderão, queridos filhos, que a paz é Dom de Deus. Sem amor vocês não podem viver a paz. O fruto da paz é o amor e o fruto do amor é o perdão. Estou com vocês e chamo-os a perdoarem primeiramente em suas famílias, para então serem capazes de perdoar aos outros. Obrigada por terem atendido a meu chamado» (25/01/96).*

— *«Queridos filhos, estou com vocês de maneira especial hoje e trago-lhes minha bênção materna de paz. Rezo por vocês e intercedo por vocês junto a Deus, para que compreendam que cada um é portador da paz. Vocês não podem ter a Paz se seus corações não estiverem em paz com Deus. Por isso, filhinhos, rezem, rezem, rezem, pois a oração é o fundamento de sua paz. Abram seus corações e dêem tempo a Deus para que Ele seja amigo de vocês. Quando se cria uma verdadeira amizade com Deus, nenhuma tempestade a pode destruir. Obrigada por terem atendido a meu chamado» (25/06/97).*

— *«Paz, Paz, Paz! Rezem pela Paz! Rezem juntos com sua Mãe pela Paz! Obrigada por terem respondido a meu apelo» (14/09/2001).*

A conversão

Em Medjugorje, a Virgem diz: *«Convertam-se antes que seja tarde»*. Mas o que significa converter-se? E a resposta da Virgem veio assim:

— «É preciso levantar de manhã, com o desejo de ser melhor do que no dia anterior. Ou seja, é preciso viver mais profundamente mergulhado em Deus, é preciso servi-lo melhor. Ter a coragem de começar sempre de novo. Obrigada por terem atendido a meu chamado».

— «Convertam-se! A Paz só virá com a conversão. Eis o caminho: comecem a rezar e a jejuar. Muitos cristãos não acreditam porque não rezam. Comecem a rezar, todos os dias, pelo menos 7 Pai-nossos, 7 Ave-Marias, 7 Glórias e o Credo. Comecem a jejuar nas sextas-feiras, a pão e água. Vocês se esqueceram de que com o jejum e a oração poderão afastar a guerra, e até mesmo paralisar as leis da própria natureza. Obrigada por terem atendido a meu chamado» (21/07/82).

— «Muitos cristãos estão apenas inscritos no arquivo paroquial, sem ligar absolutamente para a vida cristã. Muitos vão à Igreja a passeio, sem crença nem devoção. Os verdadeiros cristãos devem ser, para os demais, um sinal vivo, ajudando os incrédulos a converterem-se e a salvar-se. Todos devem converter-se. Obrigada por terem atendido a meu chamado».

— «Vim para dizer ao mundo que Deus existe, que em Deus está a vida. Para ter paz é preciso converter-se a Deus. Obrigada por terem atendido a meu chamado».

— «Convertam-se o quanto antes. Preciso das orações e da penitência de vocês. Meu coração queima de amor. Convertam-se. Digam a todos que este é um de meus desejos e que não me cansarei de repetir: convertam-se, convertam-se! Pedirei a meu Filho que os poupe do castigo. Vocês não conhecem os planos de Deus. Não sabem o que Deus vai mandar e o que vai fazer. Peço-lhes somente que se convertam. É o que desejo. Convertam-se, renunciem a tudo. Tudo isso faz parte da conversão. Obrigada por terem atendido a meu chamado» (26/04/83).

— *«Queridos filhos, comecem a trabalhar em seus corações como vocês trabalham no campo. Transformem seus corações, a fim de que o Espírito de Deus possa novamente habitar em todos. Obrigada por terem atendido a meu chamado» (25/04/85).*

— *«Hoje convido-os a trabalharem em seus corações. Agora que terminaram todos os trabalhos do campo, vocês têm tempo para limpar até mesmo os lugares mais escondidos, mas vocês se esquecem de seus corações. Trabalhem mais e limpem agora, com amor, cada um dos recantos de seus corações. Obrigada por terem atendido a meu chamado» (17/10/85).*

— *«Desejo envolvê-los com meu manto e conduzi-los pelo caminho da conversão. Desejo que todos sejam felizes, mas com pecado ninguém poderá sê-lo. Obrigada por terem atendido a meu chamado» (25/02/87).*

— *«Também hoje eu os convido à conversão total: ela é difícil para os que não escolheram Deus. Convido-os a se converterem totalmente a Deus. Obrigada por terem atendido a meu chamado» (25/01/88).*

— *«Queridos filhos, Eu os abençôo, de maneira especial, com uma bênção materna, e intercedo por vocês junto a Deus, para que Ele lhes conceda a conversão do coração. Convido-os há anos, à conversão do coração e os exorto a uma vida espiritual profunda, com simplicidade. Desejo guiá-los pela mão, como crianças em seus primeiros passos. Portanto, filhos queridos, releiam, cada dia, as mensagens que lhes tenho dado e as transformem em vida. Obrigada por terem atendido a meu chamado» (25/12/89).*

— *«Queridos filhos, hoje eu os abençôo com minha bênção materna e convido-os todos à conversão. Desejo que cada um de vocês resolva mudar de vida e que cada um trabalhe mais na Igreja, não por palavras nem por pensamentos, mas pelo exemplo, para que suas vidas sejam um alegre testemunho de Jesus. Vocês não podem dizer que já estão convertidos, porque suas vidas devem tornar-se conversão cada dia. Para compreenderem o que devem fazer, rezem, filhinhos, e Deus lhes mostrará o que têm concretamente a fazer e em que devem mudar. Estou com vocês e coloco todos vocês sob meu manto. Obrigada por terem atendido a meu chamado» (25/02/93).*

— *«Queridos filhos, convido-os a abrirem-se a Deus e a viverem com Deus no coração, vivendo o Bem e dando testemunho de minhas mensagens. Eu os amo e desejo protegê-los de todo o mal. Não posso ajudá-los se vocês não vivem os mandamentos de Deus, se não vivem a Missa, se não rejeitam o pecado. Convido-os a se tornarem apóstolos do amor e da bondade. Neste mundo sem paz, sejam testemunhas de Deus, e Ele os abençoará e lhes dará o que vocês Lhe pedirem. Obrigada por terem atendido a meu chamado» (25/10/93).*

— *«Queridos filhos, hoje eu os convido a viver a paz em seus corações e em suas famílias. Não há paz, filhinhos, onde não se reza e não há amor onde não há fé. Por isso, filhinhos, convido-os a decidirem-se hoje novamente pela conversão. Estou muito perto de vocês e convido-os todos em meus braços para ajudá-los, mas vocês não querem; assim satanás os fica tentando e, nos menores detalhes, a fé de vocês desaparece. Obrigada por terem atendido a meu chamado» (25/03/95).*

— *«Queridos filhos, convido-os hoje à conversão. Esta é a mensagem mais importante que eu já lhes dei aqui. Convido-os a viver as mensagens que lhes dei ao longo de todos esses anos. Este tempo é um tempo de graça, mormente agora, quando a Igreja também os convida à oração e à conversão. Obrigada por terem atendido a meu chamado» (25/02/96).*

— *«Queridos filhos, convido-os novamente a colocar a oração em primeiro lugar em suas famílias. Filhinhos, se Deus está em primeiro lugar, então, em tudo que vocês fizerem, procurarão a vontade de Deus. Dessa maneira, sua conversão cotidiana tornar-se-á mais fácil. Procurem com humildade o que não está em ordem em seus corações e logo vocês compreenderão o que hão de fazer. A conversão será para vocês um dever diário que vão cumprir com alegria. Obrigada por terem atendido a meu chamado» (25/04/96).*

— *«Queridos filhos, convido-os hoje a decidirem-se diariamente por Deus. Filhinhos, vocês falam muito de Deus, mas testemunham pouco ao longo de suas vidas. Por isso, filhinhos, decidam-se pela conversão, a fim de que suas vidas sejam verdadeiras diante de Deus, de maneira que vocês dêem testemunho da beleza que Deus lhes deu. Filhinhos, convido-os novamente a decidirem-se pela oração porque, por meio da oração, vocês poderão viver a conversão. Cada um de vocês se tornará, na simplicidade, semelhante a uma criança aberta ao amor do Pai. Obrigada por terem atendido a meu chamado» (25/06/96).*

— *«Queridos filhos: convido-os hoje a se abrirem para Deus Criador, para que Ele os transforme. Desejo renová-los e conduzi-los com o meu coração ao coração de Jesus que ainda hoje sofre por vocês e convida-os à conversão e à renovação. Por meio de vocês desejo renovar o mundo. Entendam, filhinhos, que hoje vocês são o sal da terra e a luz do mundo. Obrigada por terem atendido a meu chamado» (25/10/96).*

A oração

A Virgem reza, ela é uma Mãe que reza. No dia da Imaculada Conceição de 1981, os videntes esperavam vê-la feliz, pois era a sua festa. Ela, porém, apareceu preocupada, ajoelhou com os braços estendidos em atitude de oração, implorando: *«Meu querido Filho, te suplico, perdoa ao mundo os grandes pecados com que te ofende».*

Ela reza com os videntes durante as aparições, com delicada ternura e uma linguagem bem familiar; pede a todos que rezem e explica o que e como rezar:

— *«Desejo que aprofundem continuamente sua vida de oração. Cada manhã, recitem a Consagração ao Coração de Maria. Recitem-na em família. Digam cada dia o Anjo-do-Senhor, 5 Pai-nossos, Ave-Marias e Glórias em honra da Sagrada Paixão, e um sexto pelo Papa. Digam depois o Creio e a oração ao Espírito Santo. Rezem também o terço. Obrigada por terem atendido a meu chamado» (27/01/84).*

— *«Queridos filhos, vocês devem rezar antes de iniciar qualquer trabalho e terminá-lo com a oração. Se assim procederem, Deus os abençoará em sua tarefa. Estes dias, vocês estão trabalhando muito e rezando pouco. Rezem, porque na oração encontrarão repouso. Obrigada por terem atendido a meu chamado» (05/07/84).*

— *«As pessoas rezam de modo errado. Dirigem-se às Igrejas e imediatamente pedem graças ou qualquer outra coisa. São poucos os que rezam ao Espírito Santo. O mais importante na oração é invocar o Espírito Santo. Quando tiverem o Espírito Santo no coração, terão tudo. Obrigada por terem atendido a meu chamado» (21/10/83).*

— *«Não sei dizer-lhes outra coisa que esta: rezem! Saibam que não existe nada mais importante em nossa vida que a oração. Obrigada por terem atendido a meu chamado» (24/12/83).*

— *«Pode parecer estranho que lhes fale sempre de oração. Todavia lhes digo: rezem! Por que hesitam? Na Sagrada Escritura vocês leram: «Não se preocupem com o amanhã. A cada dia basta o seu cuidado» (Mt 6,34). Não se preocupem portanto, com os dias futuros. Limitem-se a rezar. Eu, sua Mãe, me encarrego do resto. Obrigada por terem atendido a meu chamado» (29/02/84).*

— *«Quando lhes digo: rezem, rezem, rezem, não entendo pedir-lhes apenas que aumentem o número de horas de oração, mas também que intensifiquem o desejo de estar em contato com Deus e de se porem continuamente num estado de alma embebido de oração. Obrigada por terem atendido a meu chamado» (26/06/84).*

— *«Queridos filhos, preciso continuamente de suas orações. Vocês se perguntam uns aos outros para que servem tantas orações. Olhem em volta, queridos filhos, e vocês verão quanto o pecado ganhou terreno neste mundo. Rezem portanto, para que Jesus possa vencer! Obrigada por terem atendido a meu chamado» (13/09/84).*

— *«Queridos filhos, hoje eu lhes peço: rezem, rezem, rezem! Na oração, vocês sentirão a mais profunda alegria e encontrarão a solução para todas as situações que lhes pareçam impossíveis. Obrigada por terem atendido a meu chamado» (28/03/85).*

— *«Se rezarem com o coração, o gelo de seus irmãos se derreterá e cairão todas as barreiras. A conversão será fácil a todos que desejam acolhê-la. Obrigada por terem atendido a meu chamado» (23/01/86).*

— *«A televisão os destruiu como cristãos: por causa da televisão, não rezam mais. Ela se tornou o ídolo que manda. É ela que diz quando devem falar ou calar, lhes dita os horários do dia. Obrigada por terem atendido a meu chamado».*

— *«Queridos filhos: convido-os a começarem, com viva fé, a rezar o Rosário. Desta forma poderei ajudá-los. Vocês querem receber graças, mas não rezam. Não posso ajudá-los, porque são indolentes. Chamo-os a rezarem o Rosário. Que ele seja para vocês um compromisso a ser cumprido com alegria. Obrigada por terem atendido a meu chamado» (12/08/86).*

— «Insisto de novo que devem rezar. Quando rezam, ficam muito mais belos, como as flores que, depois da neve, mostram toda a sua beleza e suas cores ficam indescritíveis. Assim também vocês: depois da oração, tornam-se mais belos diante de Deus e muito mais estimados. Por isso, queridos filhos, rezem e abram sua alma ao Senhor, para que Ele faça de todos um ramo de belas flores para o paraíso. Obrigada por terem atendido a meu chamado» (18/12/86).

— «Na oração conhecerão a nova estrada da alegria» (25/02/87)... Assim poderão descobrir Deus em tudo, até na mais pequenina flor. Descobrirão uma grande alegria, descobrirão Deus. Obrigada por terem atendido a meu chamado» (25/04/89).

— «Queridos filhos, convido-os a rezarem. Filhinhos, através da oração, vocês recebem alegria e paz; através da oração, vocês se tornam mais ricos da graça de Deus. Por isso, filhinhos, que a oração seja vida para cada um de vocês. Convido-os, especialmente, a rezarem por todos aqueles que estão longe de Deus, a fim de que se convertam. Nossos corações, então, serão mais ricos, porque Deus reinará nos corações de todos os homens. Portanto, filhinhos, rezem, rezem, rezem! Obrigada por terem atendido a meu chamado» (25/08/89).

— «Queridos filhos, convido-os hoje à oração mais do que nunca. Que sua oração seja pela paz. Satanás é poderoso e deseja destruir não só a vida humana, mas também a natureza e o planeta no qual vocês vivem. Portanto, queridos filhos, rezem para serem protegidos pela Bênção Divina de Paz. Deus enviou-me no meio de

vocês para ajudá-los. Então, agarrem-se ao Rosário! A recitação de um simples Rosário pode fazer milagres no mundo e em suas vidas. Obrigada porque a sua resposta está ao serviço do bem e da paz. Obrigada por terem atendido a meu chamado» (25/01/91).

— *«Desejo que se reúnam com freqüência numa oração comum dirigida a meu Filho. Antes de mais nada, desejo que vocês ofereçam orações por meus filhos que não conhecem meu amor, nem o amor de meu Filho. Peço que os ajudem a conhecer esse amor. Peço que me ajudem, como Mãe de cada um de vocês. Meus filhos, quantas vezes já os convidei a rezar e vou continuar. Porque desejo que vocês abram seus corações a Jesus, que Lhe permitam entrar em vocês e saciá-los de paz e de amor. Permitam-Lhe, deixem-No entrar! Ajudem-No por suas orações a espalhar a paz e o amor sobre os outros, pois isso é mais do que necessário para vocês nestes tempos. Obrigada por terem atendido a meu chamado» (18/03/91).*

— *«Queridos filhos, convido-os hoje a fazerem de sua oração uma oração com o coração. Que cada um de vocês encontre tempo para a oração, para que possam descobrir Deus na oração. Não quero que vocês fiquem falando da oração, mas desejo que orem. Que cada um de seus dias seja repleto de orações de ação de graças a Deus, pela vida e por tudo o que vocês têm. Não desejo que suas vidas se passem em palavras, mas que vocês glorifiquem a Deus por meio de seus atos. Obrigada por terem atendido a meu chamado», (25/04/91).*

— *«Queridos filhos, chamo-os hoje para renovar a oração em suas famílias de maneira que cada família se transforme em alegria para meu Filho Jesus. Por isso, queridos filhos, rezem e procurem ter mais tempo para Jesus. Assim vocês poderão compreender tudo e aceitar tudo, até as doenças e cruzes mais penosas. Eu procuro suas orações para que, por meio delas, vocês me permitam ajudá-los. Rezem, meus filhinhos, para que a oração se torne seu alimento diário. Obrigada por terem atendido a meu chamado» (25/01/92).*

— *«Queridos filhos, sou feliz hoje, apesar de haver ainda, em meu coração, um pouco de tristeza por todos aqueles que começaram a caminhar neste caminho, mas que depois o abandonaram. Minha presença aqui é para conduzir vocês por um novo caminho: o caminho da salvação. É por isso que, dia após dia, eu os chamo à conversão. Mas, se vocês não rezarem, não podem dizer que estão se convertendo. Rezo por vocês e intercedo junto a Deus pela paz: primeiro pela paz em seus corações e depois pela paz em torno de vocês, a fim de que Deus seja sua paz. Obrigada por terem atendido a meu chamado» (25/06/92).*

— *«Queridos filhos, desejo que vocês compreendam que eu sou sua Mãe. Quero ajudá-los e chamá-los para a oração, pois é somente pela oração que vocês poderão aprender, aceitar minhas mensagens e pô-las em prática em suas vidas. Leiam as Sagradas Escrituras, vivenciem-nas e rezem para compreender os sinais deste tempo. É um tempo especial. É por isso que eu estou com vocês, a fim de aproximá-los de meu Coração e do Coração de meu Filho Jesus. Obrigada por terem atendido a meu chamado» (25/08/93).*

— *«Queridos filhos, regozijo-me com vocês e convido-os à oração. Filhinhos, rezem por minhas intenções. As orações de vocês são necessárias para mim, por meio delas desejo aproximá-los de Deus. Ele é a salvação de vocês. Deus envia-me para ajudá-los e para levá-los ao paraíso, que é a meta de vocês. Por isso, filhinhos, rezem, rezem, rezem! Obrigada por terem atendido a meu chamado» (25/09/94).*

— *«Queridos filhos, chamo-os hoje para a oração. Que a oração seja vida para vocês. Uma família não pode dizer que está na paz se não rezar cada dia. Para tanto, que a manhã de vocês comece pela oração da manhã e que a noite termine pela ação de graças. Filhinhos, estou com vocês e os amo, abençôo vocês e gostaria que cada um estivesse em meu abraço. Vocês não podem estar em meu abraço se não estiverem prontos para rezar cada dia. Obrigada por terem atendido a meu chamado» (25/08/95).*

— *«Queridos filhos, convido-os hoje a responder a meu apelo à oração. Gostaria que, nestes tempos, vocês encontrassem um cantinho para sua oração pessoal. Desejo guiá-los em direção à oração do coração. Somente assim compreenderão que suas vidas são vazias sem a oração. Vocês descobrirão o sentido de suas vidas ao descobrirem Deus na oração. Por isso, filhinhos, abram as portas de seus corações e compreenderão que a oração é uma alegria sem a qual não podem viver. Obrigada por terem atendido a meu chamado» (25/07/97).*

A Eucaristia

Nossa Senhora deseja que seu Filho querido, Nosso Senhor Jesus Cristo, seja mais amado e conhecido por todos. Por isso veio até nós e nos suplica que nos aproximemos Dele com amor, com o coração aberto, na humildade e na disponibilidade, para que possamos receber todas as graças que Ele nos concede e que estão a nossa espera. Exorta-nos a participarmos piedosamente da Santa Eucaristia, o milagre do Amor Maior. Ela nos encaminha a Jesus:

— *«Queridos filhos, desejo que a Santa Missa seja para vocês o grande presente do dia. Esperem, desejem que ela comece, porque o próprio Jesus se doa a vocês na Missa. Aspirem portanto àquele momento, no qual são purificados. Se assistimos à Santa Missa com indiferença, retornamos a casa frios e com o coração vazio. Obrigada por terem atendido a meu chamado» (03/03/83).*

— «Quando vocês vão à Missa, o caminho de suas casas até a Igreja deveria ser um tempo de preparação para a Missa. Vocês devem também receber a comunhão com um coração aberto e puro... Pureza de coração e abertura! Não saiam da Igreja sem uma conveniente ação de graças. Obrigada por terem atendido a meu chamado» (10/84).

— «Queridos filhos, muitos apressam-se em ir embora da Igreja, imediatamente, ao término da Missa...» (04/02/84).

— «Desejo que cada vez que participem da Missa, seja uma experiência de Deus. Obrigada por terem atendido a meu chamado» (15/05/85).

— «Queridos filhos, participem piedosamente da Santa Missa. Muitos já sentem a beleza da Missa, entretanto outros há que a ela assistem de má vontade. Eu os escolhi, queridos filhos, e Jesus lhes transmite, durante a Missa, suas graças. Por isso participem conscientemente da Santa Missa; que sua presença seja repleta de graças; que cada vinda de vocês à Missa seja uma alegria! Venham sempre com amor e aspirem à Santa Missa. Obrigada por terem atendido a meu chamado» (03/04/86).

— «Queridos filhos, desejo de maneira especial que vocês todos sejam um reflexo de Jesus, que iluminará este mundo infiel, que caminha nas trevas. É meu desejo que todos sejam luz para todos e que, dessa forma, haja testemunho da luz. Vocês não foram chamados para as trevas, mas para a luz. Portanto, transmitam a luz em sua vida. Obrigada por terem atendido a meu chamado» (05/06/86).

— «Vocês jamais poderão agradecer a Deus o amor que o levou a instituir a Eucaristia. Os cristãos que vêm à Igreja sem interesse, que não se preparam para a Comunhão e não fazem a ação de graças, depois da Missa, melhor seria que não viessem,

porque essa situação serve apenas para endurecer-lhes o coração. Obrigada por terem atendido a meu chamado».

— *«Vivam conscientemente a Santa Missa. Venham com alegria. Demonstrem seu amor vindo à Missa. Obrigada por terem atendido a meu chamado» (21/11/86).*

— *«Que a Santa Missa seja vida para vocês. Se tiverem de escolher entre estar Comigo e a Missa, escolham a Santa Missa. Ir à Missa é caminhar ao encontro de Jesus. Obrigada por terem atendido a meu chamado» (25/04/88).*

— *«Eu estou mais perto de vocês durante a Missa do que durante a aparição. Tomar a Comunhão é mais do que ser vidente. Infelizmente muitos não entenderam ainda a presença de Jesus. Obrigada por terem atendido a meu chamado».*

— *«Queridos filhos, convido-os hoje a se apaixonarem pelo Santíssimo Sacramento do altar. Adorem-no, filhinhos, em suas paróquias, e assim vocês estarão unidos ao mundo inteiro. Jesus se tornará amigo de vocês e vocês não falarão mais Nele como alguém que mal conhecem. A unidade com Ele será uma alegria para vocês e vocês se tornarão testemunhas do Amor que Jesus tem a cada criatura. Obrigada por terem atendido a meu chamado» (25/09/95).*

— *«Queridos filhos, Eu os convido a tornarem-se responsáveis e decididos e a consagrarem-se a Deus, a cada dia na oração. A Santa Missa, filhinhos, não seja para você um hábito, mas Vida! Vivendo cada dia a Santa Missa, vocês sentirão necessidade de santificar-se e irão crescer em santidade. Eu estou perto de vocês e intercedo junto a Deus para cada um de vocês, para que lhes dê força para mudar seu coração. Obrigada por terem atendido a meu chamado» (25/01/98).*

A Confissão

Nossa Senhora nos convida à confissão mais freqüente, para nos afastarmos de todos os pecados e assim progredirmos na vida espiritual. A confissão mensal pedida por Nossa Senhora deve ser uma renovação da pessoa para um contínuo crescimento. A confissão freqüente deve ser um controle da alma, não somente confessar os pecados, mas sim afastar tudo o que nos impede de alcançar a Graça divina. Quando alguém se acha indigno e se confessa ao Sacerdote, recebe forças espirituais e com isso vence os obstáculos e as dificuldades da alma. A confissão, além da purificação dos pecados, aumenta as graças em nós, para recebermos um novo impulso no caminho da perfeição.

— *«Nestes dias preparem seus corações, pois o Senhor deseja, de modo especial, purificá-los de todos os pecados. Vocês, queridos filhos, não o conseguirão sozinhos. Por isso, eu os estou ajudando. Rezem e terão conhecimento do mal existente em vocês. Oferecendo-o ao Senhor, Ele purificará completamente seus corações. Para isso, é preciso rezar constantemente e preparar os corações pela penitência e pelo jejum. Obrigada por terem atendido a meu chamado» (04/12/86)*

— *«Se os cristãos voltassem a confessar-se e a viver em paz em suas famílias, vários lugares do mundo seriam inteiramente preservados e salvos espiritualmente. Obrigada por terem atendido a meu chamado».*

— *«A confissão mensal é um remédio para a Igreja. Se os fiéis se confessarem mensalmente, bem depressa regiões inteiras serão curadas. Obrigada por terem atendido a meu chamado» (12/93).*

— *«Logo que tiverem um pecado, confessem, para que o pecado não fique escondido em suas almas. Obrigada por terem atendido a meu chamado».*

— *«Queridos filhos, convido-os a abrirem a porta de seus corações para Jesus, como a flor se abre ao sol. Jesus deseja encher seus corações de paz e de alegria. Filhinhos, vocês não conseguirão realizar a paz se vocês não estiverem em paz com Jesus. Por isso eu os convido à confissão, para que Jesus seja a verdade e a paz de vocês. Obrigada por terem atendido a meu chamado» (25/01/95).*

Jejum

Em Medjugorje, Nossa Senhora pede que a prática do jejum seja resgatada na Igreja. Quando jejuamos, nos tornamos mais livres interiormente, de forma a podermos entregar-nos melhor a Deus e aos homens. O desejo de Maria é que se jejue duas vezes por semana (às quartas e às sextas-feiras), a pão e água:

— *«O melhor jejum é aquele a pão e água. Esqueceram-se de que, mediante a oração e o jejum, podem afastar até mesmo as guerras, podem até mesmo suspender as leis da natureza? A caridade não pode substituir o jejum. Todos, exceto os doentes, devem jejuar. Obrigada por terem atendido a meu chamado» (21/07/82).*

— *«Jejuem a pão e água todas as sextas-feiras: o próprio Jesus jejuou. O jejum que fazem comendo peixe, não é jejum. Verdadeiro jejum é também renunciar ao pecado. Antes de tudo, renunciem aos programas de televisão. Mas é preciso jejuar também no corpo: e o melhor jejum corporal é passar só a pão e água. Renunciem igualmente ao álcool, aos cigarros e aos prazeres. Ninguém está dispensado do jejum, salvo os enfermos em estado grave. A oração e as obras de caridade não podem substituir o jejum. Obrigada por terem atendido a meu chamado».*

— *«Queridos filhos: hoje convido-os a jejuar com boa vontade. Muitos jejuam por imitação. Para muitos tornou-se um hábito que não deve ser interrompido. O jejum deve efetuar-se em agradecimento a Deus, por me ter permitido estar aqui nesta Paróquia, tanto tempo. Meus filhos queridos, rezem e jejuem com amor. Obrigada por terem atendido a meu chamado» (20/09/84).*

— *«Queridos filhos, também hoje convido-os ao jejum e à renúncia. Filhinhos, renunciem a tudo que os impede de estarem mais próximos de Jesus. De modo especial, convido-os: rezem, porque somente através da oração poderão vencer a vontade própria e descobrir a vontade de Deus, mesmo nas coisas mais pequeninas. Por sua vida cotidiana, filhinhos, vocês se tornarão um exemplo e testemunharão se vivem para Jesus ou contra Ele e Sua vontade. Filhinhos, desejo que se tornem apóstolos do amor. No amor de vocês, filhinhos, se reconhecerá que são meus. Obrigada por terem atendido a meu chamado» (25/03/98).*

A confiança e o abandono nas mãos de Deus: Fé

Nossa Senhora nos exorta a termos confiança em Deus, para que o medo seja definitivamente eliminado de nossa vida. Abandonar-se nas mãos de Deus, confiar em Sua providência é um pressuposto para a Paz. Nessa intenção, Nossa Senhora, em Medjugorje, nos recomenda a leitura do Evangelho de S. Mateus 6,24-34, todas as quintas-feiras.

— *«Renunciem a todas as paixões. Abandonem-se inteiramente a Deus. Libertem-se de todo o medo, de uma vez para sempre. As pessoas que se entregam totalmente a Deus não deixam espaço para o medo em seu coração. Mesmo as dificuldades que tiverem, serão para a glória de Deus e para seu crescimento espiritual. Obrigada por terem atendido a meu chamado».*

— *«Sejam confiantes e permaneçam na alegria» (26/11/81).*

— *«Entreguem suas preocupações a Jesus. Escutem o que Ele diz no Evangelho: qual de vós, por seus cuidados, pode acrescentar um só côvado à duração de sua vida? Obrigada por terem atendido a meu chamado» (30/10/83).*

— *«Se quiserem ser felicíssimos, levem uma vida simples, humilde. Rezem muito e não se deixem envolver pelos problemas. Deixem-se conduzir por Deus. Obrigada por terem atendido a meu chamado» (16/03/84).*

— *«Deus lhes dará grandes presentes se vocês se entregarem a Ele» (19/12/85).*

— *«Queridos filhos: peço-lhes que se decidam por Deus totalmente. Entreguem-se por completo e, assim, conseguirão viver tudo o que lhes digo: não lhes será difícil consagrar-se inteiramente a Deus. Obrigada por terem atendido a meu chamado» (02/01/86).*

— *«Muitos cristãos perderam a fé porque não rezam. Vocês se esqueceram de que com a oração e o jejum poderão afastar até mesmo a guerra. Há muitos cristãos que deixaram de ser fiéis porque abandonaram a oração. Por isso comecem a rezar... A coisa mais importante é entrar na vida de oração. Só quando forem iluminados por Deus, conseguirão fazer escolhas acertadas. Obrigada por terem atendido a meu chamado».*

— *«Vocês estão demais absorvidos em seus trabalhos. Digo-lhes, entretanto, que desta forma seus trabalhos jamais serão bem sucedidos. Ofereçam seu tempo a Deus, deixem-se conduzir pelo Espírito Santo e seu trabalho terá um bom resultado; verão que haverá sobra de tempo. Obrigada por terem atendido a meu chamado».*

— «Vocês andam excessivamente preocupados com as coisas materiais e, por esse motivo, perdem tudo o que Deus deseja lhes dar. Convido-os a pedirem os dons do Espírito Santo, que agora lhes são necessários para testemunharem minha presença aqui e tudo que dou a vocês. Obrigada por terem atendido a meu chamado» (17/04/86).

— «Quero que compreendam que Deus, em seu plano de salvação para a humanidade, escolheu cada um de vocês. Não conseguem entender quão grande é a pessoa de vocês no projeto de Deus. Por isso rezem, a fim de poderem compreender o que devem fazer depois, segundo o plano de Deus. Obrigada por terem atendido a meu chamado» (21/08/87)

— «Desejo que abram seu coração a Jesus, e eu o darei a vocês com amor, porque é Ele que os transforma, os ensina e protege. Hoje rezo para cada um de vocês de modo especial, e os apresento a Deus, para que ele se manifeste a vocês. Convido-os a uma oração sincera, à oração do coração. Cada oração seja um encontro com Deus. Em seu trabalho, em sua vida de cada dia, ponham Deus em primeiro lugar. Obrigada por terem atendido a meu chamado» (25/12/87).

— «Queridos filhos, também hoje, convido-os a que se abandonem completamente a Deus. Vocês não têm idéia de como é grande o amor de Deus por vocês. Ele permite que Eu fique com vocês, para ensiná-los e ajudá-los a encontrarem o caminho da paz, que não poderão encontrar sem a oração. Por essa razão, queridos filhos, renunciem a tudo e dediquem seu tempo somente a Deus e Ele lhes concederá tudo e os abençoará. Não se esqueçam, filhinhos, de que sua vida passa como uma florzinha de primavera, que hoje é maravilhosa, mas amanhã não sobrará dela nenhum vestígio. Por isso, rezem de tal maneira que sua oração e seu abandono a Deus sejam um sinal ao longo do caminho... Obrigada por terem atendido a meu chamado» (25/03/88).

— «Entreguem-se a Deus para que Ele possa curá-los, consolá-los e perdoar tudo aquilo que em vocês bloqueia o caminho do amor. Obrigada por terem atendido a meu chamado» (25/06/88).

— «Filhinhos, regozijem-se em Deus Criador, por Ele os ter criado de maneira tão maravilhosa. Rezem para que a vida de vocês seja um alegre agradecimento, correndo de seus corações como um rio de alegria. Obrigada por terem atendido a meu chamado» (25/08/88).

— «Queridos filhos, convido-os a abandonarem-se completamente a Deus. Coloquem tudo o que vocês possuem nas mãos de Deus. Só assim vocês terão alegria no coração. Filhinhos, alegrem-se por tudo o que possuem; agradeçam a Deus, porque tudo é um presente que Ele lhes dá. Assim sendo, poderão agradecer, na vida, todas as coisas e descobrir a Deus em tudo, até mesmo na mais pequenina flor. Vocês descobrirão uma grande alegria: descobrirão a Deus. Obrigada por terem atendido a meu chamado» (25/04/89).

— «Queridos filhos, convido-os ao abandono a Deus. Nestes tempos, desejo particularmente que vocês renunciem às coisas às quais vocês estão ligados mas que prejudicam sua vida espiritual. Portanto, filhinhos, optem inteiramente por Deus e não deixem satanás penetrar em suas vidas por meio dessas coisas que lhes fazem mal, a vocês e a sua vida espiritual. Deus oferece-se inteiramente a vocês, mas vocês só poderão descobri-Lo e conhecê-Lo na oração. Portanto, optem pela oração! Obrigada por terem atendido a meu chamado» (25/02/90).

— «Queridos filhos, ouçam, pois desejo falar com vocês e convidá-los a terem mais fé e mais confiança em Deus, que ama vocês imensamente. Vocês não sabem viver na graça de Deus e é por isso que eu os convoco todos novamente a levar a Palavra de Deus em seus corações e em seus pensamentos. Coloquem as

Sagradas Escrituras num lugar visível em seu lar, leiam e vivenciem-nas. Ensinem a seus filhos, pois, se vocês não forem um exemplo para eles, as crianças afastam-se de Deus. Reflitam e rezem, assim Deus nascerá em seus corações e seus corações serão alegres. Obrigada por terem atendido a meu chamado» (25/08/96).

— *«Queridos filhos, convoco-os hoje a ligarem suas vidas ao Deus Criador, pois somente assim suas vidas terão um sentido e vocês poderão compreender que Deus é amor. Deus me envia a vocês por amor, para que eu possa ajudá-los a compreender que sem Ele não há futuro, nem alegria e, sobretudo, não há vida eterna. Convido-os a abandonar o pecado e a aceitar a oração em todo momento, para que vocês possam, na oração, reconhecer o significado de suas vidas. Deus se dá àquele que O busca. Obrigada por terem atendido a meu chamado» (25/04/97).*

— *«Queridos filhos, convoco-os hoje para glorificar Deus; seja o nome de Deus Santo em seus corações e em suas vidas. Filhinhos, quando vocês estão inseridos na santidade de Deus, Ele está com vocês e lhes dá a paz e a alegria que somente vem de Deus por meio da oração. Renovem a oração em suas famílias e seus corações glorificarão o Santo Nome de Deus e o paraíso reinará em seus corações. Estou perto de vocês e intercedo por vocês diante de Deus. Obrigada por terem atendido a meu chamado» (25/05/97).*

O Amor

O amor é já a paz em si mesmo. É o fruto amadurecido da conversão, da oração, da comunhão com Deus. A paz é a auréola luminosa do amor. O amor é o enraizamento da paz, porque Deus é amor (1Jo 4,8). Quem está no amor está em paz com Deus acima de tudo. Amor, beleza e paz são inseparáveis entre si. Por isso os apelos de Nossa Senhora ao amor são freqüentes:

— *«Comecem a amar seus inimigos. Não julguem, não alimentem rancor, não amaldiçoem, mas rezem pelos que lhes são contrários e aceitem (amando) todas as situações. Vocês não são capazes de fazer isso sozinhos, mas, se rezarem nessa intenção, ao menos cinco minutos por dia, conseguirão amar a todos. Obrigada por terem atendido a meu chamado».*

— *«Rezem! Desejo que floresça em vocês um grande amor, uma grande paz. Rezem, pois. Desejo imprimir em todos os corações o signo do amor. Se amarem a todos os homens, haverá paz em vocês. Se estiverem em paz com todos, então o amor estará triunfando. Obrigada por terem atendido a meu chamado» (18/01/84).*

— *«Queridos filhos, vocês ainda não sabem amar e não acolhem, com o coração, as mensagens que lhes manifesto. Eu sou a Mãe de todos e vim para ensiná-los a amar, a sentir com amor, a rezar com amor; mas não quero forçá-los a isso, por causa de suas dificuldades e sofrimentos. Com o sofrimento, glorifica-se o Senhor. Obrigada por terem atendido a meu chamado» (29/11/84).*

— *«Queridos filhos, sabem que está próximo o tempo da alegria, mas sem o amor, não conseguirão nada. Em primeiro lugar comecem a amar sua família, a todos na paróquia e, então, poderão amar e aceitar todos os que aqui vierem. Nesta semana aproveitem o tempo para aprender a amar. Obrigada por terem atendido a meu chamado» (13/12/84).*

— *«Queridos filhos, convido-os hoje a viverem, durante a semana, o seguinte programa: EU AMO A DEUS! Através do amor, caros filhos, serão capazes de tudo, alcançarão tudo, mesmo o que julgarem impossível. O Senhor quer, desta Paróquia, abandono total a Ele. Obrigada por terem atendido a meu chamado» (28/02/85).*

— «Hoje os convido a viverem o amor a Deus e ao próximo, em suas vidas. Sem amor, nada podem fazer. Por isso os convido a se amarem uns aos outros. Somente assim poderão amar-me e acolher a todos os que vêem a sua Paróquia. Comecem hoje mesmo a amar com fervor, com aquele amor com que eu amo vocês. Obrigada por terem atendido a meu chamado» (29/05/85).

— «Queridos filhos, convido-os ao amor para com o próximo. Ao amor, mesmo para com aquele que lhes quer mal. Assim vocês poderão, com amor, descobrir as intenções do coração. Rezem e amem queridos filhos. Com o amor, vocês poderão fazer mesmo aquilo que lhes parecia impossível. Obrigada por terem atendido a meu chamado» (07/11/85).

— «Convido-os a crescerem no amor. Uma flor não se desenvolve sem água. Assim também vocês não podem crescer sem as bênçãos de Deus. Por isso devem pedir a bênção todos os dias, para poderem crescer bem e para fazerem todos os seus trabalhos com a ajuda de Deus. Obrigada por terem atendido a meu chamado» (10/04/86).

— «Hoje desejo dar-lhes meu amor. Vocês não sabem como é grande meu amor, por isso não sabem acolhê-lo. De diversas maneiras tento manifestá-lo, mas vocês não o reconhecem. Não acolhem minhas palavras com o coração, por isso não conseguem compreender meu amor. Meus queridos filhos, aceitem-me em suas vidas, assim poderão aceitar tudo o que lhes digo. Obrigada por terem atendido a meu chamado» (22/05/86).

— «Queridos filhos, no lugar em que vocês vivem, empenhem-se no amor. Que o amor seja seu único recurso. Com o amor,

convertam em bem aquilo que satanás quer destruir e se apropriar. Só assim vocês serão completamente meus e eu poderei ajudá-los. Obrigada por terem atendido a meu chamado» (31/07/86).

— *«Queridos filhos, convido-os hoje a praticar obras de misericórdia, com amor e por amor. Tudo o que vocês fizerem pelos outros, façam-no com muita alegria e humildade perante Deus. Estou com vocês e, dia após dia, apresento seus sacrifícios e suas orações a Deus, pela salvação do mundo. Obrigada por terem atendido a meu chamado» (25/11/90).*

— *«Queridos filhos, hoje os convido ao amor e à misericórdia. Amem-se mutuamente como Deus os ama. Sejam misericordiosos. Com o coração, pratiquem boas obras, não demorando demais em praticá-las. Cada ato misericordioso que sai do coração aproxima-os de meu Filho. Obrigada por terem atendido a meu chamado» (18/03/91).*

— *«Queridos filhos, convido-os hoje a despertarem seus corações para o amor. Vão no meio da natureza e vejam como a natureza desperta: será um auxílio para que vocês abram seu coração ao amor do Deus Criador. Desejo que vocês despertem o amor em suas famílias, de sorte que onde há falta de paz e onde há ódio, reine o amor. E quando há amor em seus corações, há também oração. E não se esqueçam de que estou com vocês e os ajudo com minha oração, para que Deus lhes dê a força de amar. Abençôo-os e amo-os com meu amor materno. Obrigada por terem atendido a meu chamado» (25/04/93).*

— *«Convido-os a se tornarem os apóstolos do bem e da bondade. Neste mundo sem paz, testemunhem Deus e Seu amor e Ele lhes dará tudo o que pedem. Obrigada por terem atendido a meu chamado» (25/10/93).*

— «Queridos filhos, convido-os hoje ao amor. Filhinhos, sem amor, vocês não podem viver nem com Deus nem com os irmãos. Por isso, convido-os todos a abrirem seus corações ao amor de Deus que é tão grande e que está aberto a cada um de vocês. Por amor ao ser humano Deus enviou-me para o meio de vocês, para mostrar-lhes o caminho da salvação, o caminho do amor. Se vocês não amarem a Deus primeiro, não poderão amar ao próximo, nem ao que odeiam. Por isso, rezem e, por meio da oração, vocês descobrirão o amor. Obrigada por terem atendido a meu chamado» (25/04/95).

— «Queridos filhos, eu os chamo para que cada um de vocês comece novamente a amar a Deus em primeiro lugar, a Ele que salvou e resgatou cada um de vocês. Sem amor vocês não podem crescer na santidade e não podem fazer boas obras. Por isso, filhinhos, rezem, rezem sem cessar, para que Deus revele seu amor. Hoje ainda estou com vocês e convido-os a descobrir o amor em seus corações e nas famílias. Para que Deus possa viver em seus corações, vocês devem amar. Obrigada por terem atendido a meu chamado» (25/11/95).

— «Queridos filhos, uma vez mais hoje eu os chamo de maneira especial para que se abram a Deus Criador e para que se tornem ativos. Convido-os, nestes tempos, a ver quem necessita de sua ajuda espiritual ou material. Por seu exemplo, filhinhos, vocês serão as mãos estendidas de Deus que busca a humanidade. Somente assim compreenderão que foram chamados a dar testemunho e a tornar-se os alegres portadores da Palavra de Deus e de seu Amor. Obrigada por terem atendido a meu chamado» (25/02/97).

— «Queridos filhos, convido-os hoje a compreender que sem amor vocês não podem compreender que Deus deve estar em primeiro lugar na vida de vocês. Por isso, filhinhos, convoco-os todos a amar, não com amor humano mas com o amor de Deus.

Assim, suas vidas serão mais belas e desapegadas. Vocês compreenderão que Deus se lhes dá da maneira mais simples, por amor. Para conseguirem compreender as palavras que lhes dou por amor, rezem, rezem, rezem e vocês serão capazes de aceitar os outros com amor e de perdoar àqueles que lhes fizeram mal. Respondam pela oração; a oração é o fruto do amor para com Deus Criador. Obrigada por terem atendido a meu chamado» (25/09/97).

— *«Queridos filhos, hoje convido-os a compreenderem sua vocação cristã. Filhinhos, Eu os tenho guiado e continuo guiando-os neste tempo de graça, a fim de torná-los conscientes de sua vocação cristã. Filhinhos, também hoje, convido-os a alegrarem-se e a tornarem-se cristãos contentes, responsáveis e conscientes de que Deus os tem convidado, de modo especial, a transformarem-se em mãos jubilosamente estendidas em favor daqueles que não crêem, e que, com os exemplos de sua vida, recebam Fé e o Amor de Deus. Precisam rezar, rezar, rezar a fim de que seus corações se abram e sejam sensíveis à Palavra de Deus. Obrigada por terem atendido a meu chamado» (25/11/97).*

— *«Queridos filhos, também hoje convido-os a se converterem e a acreditarem mais fortemente em Deus. Filhinhos, vocês procuram a paz e rezam de diversas maneiras, mas ainda não deram seus corações a Deus para que Ele os encha de seu Amor. Por isso é que eu estou com vocês, para ensiná-los a se aproximarem do Amor de Deus. Se amarem a Deus acima de tudo, será fácil para vocês rezar e abrir seu coração a Ele. Obrigada por terem atendido a meu chamado» (25/09/99).*

As cinco pedrinhas de Nossa Senhora

Na história do povo de Israel, um belo dia, aparece a figura do gigante Golias, um homem soberbo, forte, invencível. Deus, porém, escolhe Davi, um simples e humilde pastorzinho, jovem adolescente, e lhe inspira a enfrentar o gigante Golias, com apenas cinco pedrinhas e uma funda, mas confiando no Senhor. E Davi vence o gigante Golias.

Um dia, em Medjugorje, a Virgem nos pediu para viver a seguinte mensagem:

— *«Queridos filhos, convido-vos à conversão individual. Este tempo é para vós, porque meu Filho dileto, sem a vossa cooperação, não pode realizar o que deseja. Filhos queridos, rezai a fim de que possais crescer espiritualmente e ficar mais próximos de Deus. Entrego-vos as cinco pedrinhas, que representam as armas contra vosso gigante Golias, com as quais podereis vencer qualquer batalha».*

Nossa Senhora, em Medjugorje, nos indica as cinco pedrinhas para superarmos o ateísmo que nos circunda, a mentalidade pagã que se difunde e aparentemente parece imbatível: *a Eucaristia, a Confissão, a Palavra de Deus, o jejum e a oração do Santo Rosário.*

Com essas simples armas se vence o mundo! Essas «cinco pedrinhas» servem para despertar nossas potencialidades espirituais, para fazer crescer as sementes que podem desabrochar, se caem em bom terreno.

Essas «cinco pedrinhas» nos deu Nossa Senhora, para nos ajudar a sermos mais fortes em nossa vida espiritual e a vencer definitivamente o mal. Desse mesmo modo é que Davi venceu Golias, graças às cinco pedrinhas. Assim, Nossa Senhora nos ensina a vencer satanás, o Golias de nossa vida espiritual.

Eis as «cinco pedrinhas» que devemos colocar em nossa vida, para alcançarmos a conversão e a paz!

Rezar com o coração o Santo Rosário

Em 1981, Nossa Senhora pede, através de Jakov, que todos rezem o terço.

Em **14/08/84,** Ela disse:

— *«Gostaria que as pessoas, no dia de hoje, rezassem comigo. E que rezem o máximo possível. Que além disso, jejuem nas quartas e sextas-feiras. Que todos os dias recitem pelo menos o Rosário: os Mistérios Gozosos, Dolorosos e Gloriosos».*

Pela meditação dos 15 Mistérios, temos a oportunidade de percorrer toda a vida de Jesus e de contemplar Seu nascimento, Sua morte e Sua Ressurreição. Pelos Mistérios Gozosos, revivemos a alegria do Seu nascimento; nos Mistérios Dolorosos, o caminho de Seu sofrimento para a nossa salvação e, nos Mistérios Gloriosos, Seu triunfo sobre a morte e o pecado, graças ao qual foi-nos aberta a porta do céu.

— *«Convidem a todos a rezarem o Rosário e vencerão todas as dificuldades que satanás neste momento quer colocar no caminho da Igreja Católica. Todos os Sacerdotes devem rezar o Rosário! Consagrem seu tempo à reza do Rosário. Obrigada por terem atendido a meu chamado» (25/06/85).*

— *«Deus enviou-me a vocês para ajudá-los. Se o quiserem, apeguem-se ao Rosário. Somente o Rosário pode fazer milagres no mundo e em suas vidas. Eu os abençôo e permaneço com vocês enquanto Deus o desejar. Obrigada por vocês não traírem Minha presença aqui. Obrigada porque sua resposta serve ao bem e à paz. Obrigada por terem atendido a meu chamado» (25/01/91).*

— *"Queridos filhos, agarrem-se ao Rosário... com a oração e o jejum se podem acabar também as guerras. Obrigada por terem atendido a meu chamado» (25/04/92).*

— *«Queridos filhos, Deus me dá este tempo como um Dom para vocês, a fim de que eu possa ensiná-los e conduzi-los no caminho da salvação. Agora, queridos filhos, vocês não compreendem esta graça, mas logo virá um tempo em que lamentarão por causa dessas mensagens. Por isso, filhinhos, vivenciem todas estas palavras que dei a vocês durante este tempo de graça e renovem a oração até que ela se torne uma alegria para vocês. De maneira especial convoco todos aqueles que se consagraram ao meu Coração Imaculado, a tornarem-se um exemplo para os outros. Convoco todos os sacerdotes, os religiosos e as religiosas a rezarem o Rosário e a ensinarem aos outros a rezar. O Rosário, filhinhos, é particularmente caro para mim. Pelo Rosário, abram-me seus corações e poderei ajudá-los. Obrigada por terem atendido a meu chamado» (25/08/97).*

— *«Queridos filhos, também hoje eu os convido à oração. Filhinhos, a oração realiza milagres. Quando estiverem cansados e doentes e não souberem o sentido de sua vida, peguem o Rosário e rezem, rezem, até que a oração se torne um alegre encontro com Seu Salvador. Eu estou com vocês, filhinhos, intercedo e rezo por vocês» (25/04/01).*

A leitura da Palavra de Deus

A Palavra de Deus é luz que faz sair das trevas do pecado. É a palavra da verdade que nos liberta da mentira, na qual satanás quer que vivamos. É palavra de vida. A Palavra de Deus é o mesmo Jesus, que é o verbo eterno do Pai e que nos orienta. São Paulo diz: *«a fé vem da palavra de Deus e da sua pregação»*. Lendo a Bíblia, alimentamos nossa vida espiritual com a Palavra de Deus.

Nossa Senhora nos conta um segredo espiritual:

— *«Quero revelar-lhes um segredo espiritual: se desejam ser mais fortes do que o mal, criem em vocês uma consciência ativa, façam um plano de oração: de manhã dediquem um tempo à leitura do Evangelho; plantem a Palavra divina dentro de vocês e esforcem-se por vivê-la com freqüência, durante o dia, de forma especial, na provação. Dessa maneira serão mais fortes do que o mal» (19/04/84).*

O que há de novo nas mensagens?

Nada. Nenhum dogma novo, nem novos ensinamentos, nem doutrina nova. Tudo o que a Virgem disse e diz ainda hoje não acrescentou nada ao Evangelho de seu Filho.

— *«Nada vim dizer de novo, tudo já foi dito por meu Filho, leiam o Evangelho»*, nos diz Nossa Senhora em Medjugorje.

A novidade maior, aquela que desperta em nós novo ânimo e nos leva a acatar seriamente essas aparições, é, na realidade, a presença de Nossa Senhora no meio de nós. Terem os videntes visto a Virgem é uma mensagem em si. É um Dom, um presente do Pai.

Os jovens que têm a ventura de comunicar-se com a Mãe celeste representam cada um de nós, a humanidade inteira. Ouvir suas palavras, receber e acolher suas mensagens é o mesmo que ouvir e acolher o próprio Deus, pois Ela vem como serva do Senhor e tem sido esse seu papel, desde a anunciação em Nazaré, há dois mil anos: *«Eis a serva do Senhor»*.

Enquanto antigamente, na Palestina, se ocultava aos olhos do povo, para que seu Filho fosse exaltado, hoje, desce do céu, como mensageira de Deus, de uma maneira nova, esplendorosa em sua beleza, transfigurada, maternal, amorosa. Em todas as suas aparições, suas mensagens foram sempre as condições de nossa salvação, porque vêm de Deus.

Medjugorje é, pois, um convite a viver aquilo que há de mais essencial e elementar na mensagem de Cristo.

4.
Os videntes

Nossa Senhora escolheu seis jovens, que em nada se destacavam dos grupos em que viviam, para transmitir diariamente suas mensagens ao longo de muitos anos, até os dias de hoje. São eles: *Vicka, Mirjana, Marija, Ivan, Ivanka e Jakov.*

Vicka Ivankovic, nascida em 03/09/64, na época da primeira aparição tinha 17 anos. Tem uma personalidade ativa, veste-se com muita simplicidade e sempre trabalhou na lavoura para ajudar a família. É determinada e corajosa, capaz de enfrentar qualquer situação sem deixar o seu imperturbável sorriso.

Por volta de 1985, começou a sofrer de misteriosas e fortíssimas dores de cabeça, que a deixavam em coma até. Depois se diagnosticou serem conseqüência de um cisto benigno, localizado entre o cérebro e o cerebelo e inoperável devido a sua localização. Pediu aos franciscanos de sua paróquia que não rezassem por sua saúde e nunca pediu a Nossa Senhora para curá-la. E explicava por que: *«toda cruz, todo sofrimento deve ser aceito de mãos abertas. Precisamos ter paciência. Só seremos felizes experimentando as cruzes enviadas por Deus... Esta doença eu a ofereço como uma forma especial de oração, dando a Deus tudo o que está em meu coração e também meu sofrimento. Sou feliz porque posso suportar com amor tudo o que Deus me envia»*. Mesmo doente, nunca deixou de receber os peregrinos em sua casa, falando-lhes com ternura, paz e sorrisos das mensagens de Nossa Senhora. Ofereceu seu sofrimento pela conversão dos pecadores, e tornou-se uma mensageira especial do sofrimento, convicta de que é possível sofrer com amor.

No dia 25/09/88, Nossa Senhora a declarou curada. Em 1991, com a guerra civil que se travou na Iugoslávia, Vicka viajou para vários países, divulgando as mensagens de Nossa Senhora (Portugal, Estados Unidos, França, Alemanha, Suíça, Áustria, Itália). Em março de 1992, visitaria o Brasil, mas sua viagem teve de ser cancelada por motivos de saúde: às vésperas de viajar, foi acometida de um mal súbito, que lhe paralisou todo um lado do corpo. Sempre que lhe sobrevém qualquer enfermidade, oferece com amor seu sofrimento pela conversão de todos. Esteve no Brasil duas vezes: em 1998 e em 2001.

Vicka tem, até os dias de hoje, as aparições diárias de Nossa Senhora. Recebeu de Nossa Senhora a incumbência de redigir a biografia da Virgem Maria, que será publicada quando Ela autorizar.

Casou-se em janeiro de 2002 com Marjo e fala das mensagens aos peregrinos que vão a Medjugorje, com o mesmo entusiasmo, amor, bondade, irradiando seu lindo sorriso, como nos primeiros dias das aparições.

No dia 13 de janeiro de 2003, Vicka deu à luz uma menina, Maria Sofia, uma grande alegria para o casal, um precioso fruto que o Senhor lhes concedeu.

Mirjana Dragicevic nasceu no dia 18/03/65. Na época das aparições, estava em férias em Medjugorje, mas residia em Saravejo com sua família, onde atuava como enfermeira e estudava economia na Universidade.

Para ela, as aparições diárias se encerraram no dia 25/12/82, quando a Virgem lhe revelou o décimo segredo (sobre os quais falarei mais adiante) e as datas de sua realização e disse que lhe apareceria no dia de seu aniversário (18/03) e quando tivesse dificuldade.

Casou-se em 16/09/89, com Marko, sobrinho do padre Slavo, e tem duas filhas: Marija (nascida em 09/12/91) e Veronika (nascida em 19/04/94).

Mirjana reside em Medjugorje com sua família.

Atualmente Nossa Senhora lhe aparece no segundo dia de cada mês, quando rezam juntas pelos incrédulos, isto é, por aqueles que não conhecem o amor de Deus. Nossa Senhora pediu-lhe que rezasse sempre por essas pessoas.

No dia 18 de março de 2002, dia de seu aniversário, Mirjana recebeu de Nossa Senhora a seguinte mensagem:

— *«Queridos filhos, como Mãe, peço-lhes que abram seus corações oferecendo-os a mim e não temam nada! Eu estarei com vocês e os ensinarei como colocar Jesus em primeiro lugar. Obrigada por terem atendido a meu apelo».*

Ivanka Ivankovic, nascida em 21/14/66, perdeu sua mãe dois meses antes de começarem as aparições. É prima de Vicka.

Ivanka teve sua última aparição em 07/05/85, quando Nossa Senhora lhe revelou o décimo segredo e lhe prometeu que lhe apareceria todos os anos no dia 25/06 (aniversário das aparições):

— *“Minha querida filhinha, hoje é nosso último encontro. Não fique triste, voltarei a visitá-la em cada aniversário da primeira aparição, a partir do próximo ano. Não pense que não lhe aparecerei por ter feito alguma coisa errada. Não, não é por isto. De todo o seu coração você escolheu o plano que meu Filho e eu tínhamos projetado, e o cumpriu. Seja feliz porque sou sua mãe e amo-a de todo o coração. Ivanka, obrigada por sua resposta ao apelo de meu Filho, obrigada por sua perseverança e por ficar sempre com Ele. Filhinha querida, diga a todos os seus amigos que meu Filho e Eu estamos sempre com eles, quando se dirigem a nós. Vá na paz de Deus!»*

Em 28/12/86, Ivanka casou-se com Railo Elez e hoje eles residem em Medjugorje e têm três filhos: Kristina, Josip e Ivan.

Marija Pavlovic nasceu em 01/04/65. Profundamente amadurecida na vida espiritual, sua personalidade religiosa impressiona. Marija, como Vicka, ainda não recebeu de Nossa Senhora os dez segredos, e tem até os dias de hoje, as aparições diárias em sua casa. Todo dia 25 de cada mês, Nossa Senhora lhe transmite as mensagens que são dadas para o mundo inteiro.

Casou-se em 08/09/93, com Paolo Lunetti, um jovem italiano da cidade de Monza (Itália), onde reside com seus quatro filhos. Marija deu à luz seu quarto filho, em setembro de 2002, e tem apenas um rim. Em princípios de 1989, seu irmão Andrija, residente em Alabama (EUA), necessitava de um transplante de rim e ela prontamente ofereceu-se para doar-lhe um de seus rins, salvando-lhe a vida.

Em fevereiro de 1993, esteve no Brasil, percorrendo as cidades de São Paulo, Ponta Grossa, Curitiba, Joinville, Aparecida, Belo Horizonte, Rio de Janeiro, Campo Grande, Cuiabá, Manaus, Belém, a todos transmitindo as mensagens de Nossa Senhora e a paz que transborda de sua alma, deixando-nos a lembrança de sua presença doce e pura.

Ivan Dragicevic nasceu em 25/05/65. As aparições produziram uma total mudança em sua vida. Casou-se em 23/10/94, com Laureen Murphy, uma linda jovem, natural de Boston (EUA), que ele conheceu por ocasião de uma peregrinação que ela fazia a Medjugorje, em 1989. Reside em Medjugorje com sua esposa e tem um filho. Ainda tem as aparições diárias de Nossa Senhora, que lhe deu o encargo de levar as mensagens a todos, mas principalmente de falar aos jovens, rezar com eles e ajudá-los em seus problemas.

Jakov Colo nasceu no dia 06/05/71. No início das aparições ele tinha apenas 10 anos e sua vivacidade, firmeza na fé, e espiritualidade incomum para sua idade, foram no início um poderoso argumento na veracidade das aparições.

Em 1991, com a deflagração da guerra civil na Iugoslávia, fugiu ao recrutamento militar, refugiando-se na Itália por quase um ano. Não conseguia aceitar a idéia de pegar em armas para matar seus semelhantes. Na Itália, conheceu a jovem Annaliza Barozzi, com quem se casou na Páscoa de 1993. Hoje eles têm três filhos.

No dia 12/09/98, Nossa Senhora transmitiu-lhe o décimo segredo e, a partir de então, não teve mais as aparições diárias, e Nossa Senhora prometeu que lhe apareceria uma vez por ano, por ocasião do Natal.

Locuções interiores

Existem outras duas jovens que, no início das aparições, não viam Nossa Senhora com o olhos, como os demais videntes, mas ouviam-na no coração (tinham locuções interiores): *Jelena Vasilj e Mirijana*. Elas tinham dez anos apenas quando começaram a ter as manifestações interiores. Para que isso acontecesse, elas deviam rezar, amar, perdoar, jejuar, para poder ver e ouvir com o coração. Também nossa alma é dotada de uma vista e de um ouvido e Deus se manifesta a ela por meio desses sentidos interiores. Esse Dom não é nada de novo e existem pessoas que na história já o tiveram, como Santa Teresa D'Ávila, São João da Cruz e outros.

Jelena Vasilj nasceu em 14/02/72. Tinha dez anos quando começou sua experiência interior de ver e ouvir Nossa Senhora com o coração. Em 1983, Jelena e um grupo de jovens, sob a orientação de um padre da paróquia, iniciava a pedido de Nossa Senhora um grupo de oração. Esse grupo desejava Nossa Senhora que fosse totalmente abandonado a Deus e Ela mesma conduziu-o por muitos anos. Desse grupo surgiram muitos outros, que hoje se encontram pelo mundo todo. Atualmente ela não tem mais as locuções interiores. Em recente entrevista em 17/06/2001, Jelena nos relata que:

«Nossa Senhora ensinou-nos a rezar com o coração. O primeiro passo consiste sempre na sinceridade diante de Deus. A oração é atendida de acordo com nossa sinceridade. Quando estamos em oração, e isso fazemos no início de cada Santa Missa, devemos apresentar a Deus nossas fraquezas. Dirigimo-nos a Deus porque somos conscientes de nossa pequenez, mas também de Sua grandeza. Naturalmente não é suficiente que olhemos apenas para nossas fraquezas: Deus é muito maior que elas, e não devemos permitir que elas escondam a grandeza de Deus. O Senhor enfaixa e cicatriza nossas feridas com sua Palavra e com Seu Corpo. A Palavra de Deus é um tesouro que devemos levar em nosso coração. Palavra que nutre nossa alma, deve preencher nossa alma, nossos sentidos, nossa memória, tornando-se nossa. Devemos sempre examinar-nos sobre quais palavras habitam em nós. Deus está em nosso coração, mas somente Sua Palavra nos ensina a ouvir Sua voz.

Imediatamente depois da escuta, Nossa Senhora nos ensinou a pedir. A Sagrada Escritura nos ensina a pedir, isto é, a procurar em primeiro lugar a vontade de Deus. Por fim, e acima de tudo, ensinou-nos a agradecer. Todo encontro com nosso Deus deve transformar-se em um incessante agradecimento. Agradecimento que é, na verdade, um sinal de maturidade espiritual, sinal que compreendemos que o sol quente não deve brilhar amanhã somente porque brilha hoje, mas brilha enquanto Ele o desejar e o permitir. Por isso nossa Senhora nos ensinou a bendizer o Senhor, a não esquecermos jamais que suas obras são boas e maiores do que o mal que podemos encontrar».

Jelena casou-se em Medjugorje, no dia 24 de agosto de 2002, com Massimilliano Valente, um jovem de Roma, onde o casal reside atualmente.

Mirijana Vasilj, embora tenha o mesmo sobrenome de Jelena, não tem com ela nenhum parentesco. Nasceu em 05/10/72 e recebeu o dom da locução interior, um ano depois de Jelena, em 19/03/83, festa de S. José. É mais discreta e tímida do que sua amiga Jelena, mas mesmo assim, tornou-se importante, pois ambas se ajudam e se apóiam na atuação de seu carisma. Mirijana explica de que maneira a Virgem lhe fala: *«é uma sensação, uma inspiração, como uma voz de consciência. Diferentemente dos outros videntes, nós não caímos em êxtase, mas continuamos em estado completamente normal. Durante todo o tempo em que Nossa Senhora nos fala experimentamos uma profunda sensação de paz e de amor, que vem de dentro. Ela nos fala sobretudo da oração e do jejum. Muitas vezes fala também da paz, que é tão importante para o mundo, e do amor».*

Como Jelena, só recebe mensagens quando profundamente imersa na oração. Em 1990, concluiu um curso de enfermagem, com especialização em técnicas laboratoriais, em Mostar. Casou-se com Mário Juricic, um motorista de táxi de Citluk.

O florescimento dos grupos de oração em Medjugorje encontra-se estreitamente ligado ao carisma de Jelena e Mirijana. Nossa Senhora desejava um grupo de jovens que se dedicassem completamente a Ela, vivessem as suas mensagens e a ajudassem, com orações e sacrifícios, a realizar seu plano na paróquia e no mundo.

Sinais e segredos

Porque há muitos incrédulos, indiferentes e ateus, Nossa Senhora revelou que deixará um grande sinal permanente, diante do qual o coração mais endurecido há de converter-se a Deus. A propósito do grande sinal, dizem os videntes:

— *«Nossa Senhora disse que deixaria um sinal visível, palpável, permanente no local das aparições».*

Todos eles afirmam terem visto esse sinal, durante as aparições. Não só viram, como sabem o dia em que ele se realizará. Dizem:

— *«Temos conhecimento de que, quando vier o grande sinal, haverá muitos milagres, muitas curas. Nossa Senhora nos disse que o sinal virá em razão dos ateus. Nós, os crentes, já temos muitos sinais e devemos nos tornar «sinal» para os outros».*

Afirmam também os videntes que, antes do grande sinal, virão os avisos, dados ao mundo (alguns estão contidos nas mensagens). Haverá igualmente três sinais, antes do sinal permanente. Depois do grande sinal o tempo não será favorável à conversão, pois não haverá tempo.

Deduzimos, então, por essas revelações, que esse tempo antes do sinal não é tempo de curiosidade. É um tempo de graças, tempo de conversão e de aprofundamento na fé.

À semelhança do que ocorreu em Fátima, em 1917, quando Nossa Senhora confiou a três pastorinhos três segredos, em Medjugorje, Nossa Senhora revelou 10 segredos aos videntes. Os que já receberam os 10 segredos não têm mais as aparições diárias, mas sim em datas especiais. Alguns, que ainda não receberam os 10 segredos, como Vicka, Marija, Ivan, ainda têm as aparições diárias de Nossa Senhora.

Quando lhes perguntam sobre os segredos, dizem apenas isto:

— *«Nós sabemos que há 10 segredos e os conhecemos pelo número, porque Nossa Senhora, ao referir-se aos segredos, é pelo numero que os aponta».*

Há segredos revelados de modo particular a um ou a outro vidente. Os segredos mais importantes dizem respeito ao mundo inteiro.

Sobre os segredos Padre Slavo (falecido em 2001), que sempre viveu e transmitiu a todos as mensagens de Nossa Senhora em Medjugorje, nos dá algumas de suas considerações:

«Nossa Senhora permanece fiel aos videntes com relação a suas promessas: disse que apareceria a cada um, até o fim de suas vidas, senão todos os dias, pelo menos uma vez por ano. Continua porém aparecendo a três, diariamente (estes ainda não conhecem os 10 segredos). Nossa Senhora quer continuar em contato com esses jovens e esse seu desejo é, sem dúvida, um grande presente para todos nós, pois significa que permanecerá conosco com certa freqüência.

A princípio, Ela começou a dar-nos suas mensagens semanalmente, com início em primeiro de março de 1984. A partir de primeiro de janeiro de 1987, até os dias de hoje, comunica-nos as mensagens a cada dia 25 de cada mês.

Podemos compreender por meio das aparições, o que significa «Emanuel» — Deus conosco. Como Nossa Senhora é Mãe do Emanuel e também nossa, quer estar sempre presente no meio de nós. Aqueles que se admiram das aparições diárias sempre se questionam: por que todos os dias? Porque Deus está sempre conosco e Nossa Senhora também quer estar. Quando se falava, no começo, das aparições que se davam diariamente, muitos diziam que isto era impossível...

Nossa Senhora afirmou que Deus está conosco e pediu que nos convertêssemos e rezássemos muito. Disse que Deus quer presentear-nos com a Paz. Que nós, criaturas humanas, não deveríamos preocupar-nos com o fim do mundo, pois é assunto que compete a Deus somente. Há pessoas que, ao ouvirem falar das aparições, pensam imediatamente em catástrofes.

Nossa Senhora não é mensageira de catástrofes. Nossa

Senhora veio para seus filhos, porque era preciso que viesse. Os segredos provocam certa curiosidade e isso pode fazer com que muitas pessoas se sintam atraídas por Maria Santíssima. E uma vez chegados a Ela, os segredos não têm tanta importância. O que importa, realmente, é seguir o caminho que a Mãe de Deus nos aponta.

Com relação aos segredos, é bom que não queiramos adivinhá-los, pois não nos trazem proveito algum. Seria melhor rezarmos um ou mais terços a mais, do que levantar hipóteses sobre eles. Aguardar que as coisas aconteçam, tendo a certeza de que estou preparado para recebê-las, é um comportamento prudente e sábio. Se fizermos o que nos foi recomendado, então os segredos passam para um segundo plano...»

Os segredos nos dizem que Deus é o Senhor da história e do futuro. Só Ele conhece o que o futuro encerra, porque o tem nas mãos. E o revela a quem escolhe. Os segredos representam o futuro escondido em Deus. O sinal também é parte do futuro. Sabemos que haverá um sinal, mas não sabemos como será. Assim, o sinal também representa o futuro escondido nas mãos do Senhor.

O misterioso sinal e os 10 segredos nos dizem que podemos ter esperança, pois, embora desconheçamos o futuro, sabemos quem o tem nas mãos: o Senhor, e Ele está conosco. Podemos confiar nele!

Sinais vistos em Medjugorje

Em Medjugorje ocorrem sinais extraordinários na natureza, nas pessoas e nos lugares ligados às aparições. São fenômenos de ordem natural e espiritual, dificilmente explicáveis, suscitando alegria e comoção nas pessoas. Os Sinais são vistos no céu, no sol, na lua, nas estrelas e nas colinas.

Embora não sendo esses sinais determinantes para a

autenticidade das aparições, pois devem ser avaliados com máxima prudência, sem fanatismo, eles têm sempre seu valor, do momento em que Deus os utiliza para despertar a fé dos ateus e fortalecer a dos demais fiéis.

O sol — Ao entardecer do dia 2 de agosto de 1981, festa de Nossa Senhora Rainha dos Anjos, por volta das 18 horas, no momento da aparição, o sol começou a girar misteriosamente em torno de seu eixo. Ora avançava em direção às pessoas, ora afastava-se. Alguns viam um anel luminoso destacar-se do sol e descer à terra. Era, ao mesmo tempo, maravilhoso e aterrador.

A Cruz do Krizevak — Foi vista transformando-se numa coluna de luz a unir o Céu à Terra. Outros atestam ter visto os braços da Cruz e a parte inferior tornarem-se brancos até formarem um grande T (Cruz semelhante à letra grega Tau). Outros mais afirmam ter visto também, no lugar da Cruz, a forma luminosa de uma mulher, fenômeno esse repetido por muitas vezes, em momentos diferentes. A duração desses fenômenos variava de alguns minutos a até meia hora.

O fogo na colina — Um estranho fogo apareceu, no dia 28 de agosto de 1981, no lugar das primeiras aparições. O fogo permaneceu por 15 minutos. Centenas de pessoas, muitos religiosos e sacerdotes o viram. O policial, que estava de guarda na subida da colina para impedir o acesso das pessoas, decidiu verificar, mas não encontrou qualquer sinal de fogo. Queimava, mas nada destruía. Nossa Senhora assim falou aos videntes naquela tarde: aquele fogo é um prenúncio do grande sinal. Todos esses sinais são dados para fortalecer a fé de vocês até que Eu lhes envie o sinal permanente.

M I R (PAZ) — Numa noite do final de julho de 1981, apareceu no Céu de Medjugorje um sinal extraordinário e luminoso. Era a palavra M I R (paz, em croata), formada por grandes letras no firmamento, entre o Krizevak e a Igreja. Essa palavra foi vista pelo pároco e por muitos habitantes da vila. As letras giravam em torno de si mesmas, como se fosse um rio de fogo. As pessoas tiveram medo, pensando tratar-se do fim do mundo. Depois perceberam que ainda estavam vivas... A palavra M I R (PAZ), em grandes letras douradas, luminosas, apareceu outras vezes no céu de Medjugorje, geralmente sobre o Krizevac ou sobre o Podbrdo, podendo ser vista por todos, durante uns 10 minutos.

Como se apresenta Nossa Senhora em Medjugorje

Segundo o testemunho dos jovens, Nossa Senhora se apresenta em Medjugorje com tal clareza que não deixa nenhuma dúvida sobre sua identidade. *Seu aspecto é ao mesmo tempo humano e celeste.*

Todos eles são unânimes em afirmar que não há palavras que possam descrever a beleza de Nossa Senhora: apresenta-se como belíssima jovem de 20 anos, tem cabelos escuros, olhos azuis, faces e lábios rosados. Ela pode apresentar-se alegre, sorridente ou triste e, às vezes, até com lágrimas nos olhos. Suas mãos estão levantadas como quem oferece uma profunda e incessante prece. Usa, normalmente, um vestido longo, de cor cinza, que cobre os pés completamente, e tem a cabeça sempre coberta por um véu branco. Sobre a cabeça, uma coroa de 12 estrelas, que se sustentam sozinhas. Os pés estão apoiados em nuvem que não toca o chão. Seu aspecto é humano, mas é divina sua beleza. A cor e a harmonia de seu aspecto e de seu vestido não podem ser descritos ou comparados com algo que conhecemos. Nas grandes festas, como no Natal, na Páscoa, na Assunção de Maria, no aniversário das aparições, Nossa Senhora aparece sorridente e alegre, com vestes esplendorosas e de cor dourada. Sua voz agradabilíssima é como uma doce melodia.

Não obstante, é possível, através de alguns traços muito evidentes, discernir os *aspectos bíblicos* de Nossa Senhora:

Virgem : Ela se apresenta como a Virgem, tendo dito aos videntes desde o início das aparições: *«Eu sou a Bem-aventurada Virgem Maria» (26/01/81).*

Essa identidade já fora percebida pelos videntes desde o primeiro dia das aparições, enquanto observavam a figura que se lhes aparecia. Trata-se da mesma verdade que, sobre Nossa Senhora, ensinam as Escrituras e a Igreja.

Mãe de Deus e Mãe dos homens: Nossa Senhora, em Medjugorje, mostrou com as palavras e com as ações ser a Mãe de Deus e a Mãe dos homens. Já no primeiro dia das aparições os fez saber que ela era a Mãe de Deus, trazendo nos braços o menino Jesus. Mais tarde recordou freqüentemente que Jesus é seu Filho.

Também declarou abertamente ser a Mãe dos homens: *«Queridos filhos, eu sou vossa Mãe» (29/11/84).* Nossa Senhora assim se revelou também pelas obras. Num tempo em que os homens exauriram sua força intelectual, física e moral, ao ponto de já não se conseguirem firmar sozinhos na beira do precipício, a aparição de Nossa Senhora é um sinal de seu amor materno e de sua solicitude pelo mundo, amor que não lhe permite separar-se visivelmente de seus filhos até que lhes tenha assegurado a salvação. Justamente nisto está a razão de sua prolongada permanência no meio dos homens em Medjugorje: *«Permaneço tanto tempo entre vós, para ajudá-los nos sofrimentos» (07/02/85);* e ainda: *«Desejo que todos sejam meus» (01/03/84).*

Desse modo, mostra-se verdadeiramente a Mãe de todos os homens. Para ela nenhum é estranho, nenhum lhe é pesado. É aberta sobretudo para os pecadores, no desejo de conquistá-los com sua pessoa e com suas mensagens. É paciente no esperar a conversão, é incansável em despertar os homens e guiá-los para Deus, insistente em manifestar-lhes seu amor. Não quer deixar o mundo assim como ele está, mas como o ama e deseja que se torne.

A serva do Senhor: esse seu aspecto evidencia-se com clareza por tudo aquilo que, em Medjugorje, ela anunciou e fez. Não age em seu próprio nome, mas no nome de Deus. Esponta-neamente reconhece ser mandada pelo Altíssimo (21/03/85). Não forma os fiéis para si, mas para Deus. Não dá seu ensina-mento, mas a doutrina de Deus. Suas mensagens são abso-lutamente evangélicas. Sua missão é só reforçá-las mediante seu apelo, torná-las mais leves com o amor, confirmá-las com o exemplo e a vida. Não procura jamais sua glória, mas a de Deus.

Em todas as mensagens, encaminha os homens para Deus, para Jesus Cristo e o Espírito Santo. Todo o seu agir com os homens em Medjugorje é idêntico ao que manifestou em Caná na Galiléia, dizendo: *«Fazei tudo o que Ele vos disser» (Jo 2,5).*

Sua missão de serviço manifesta-se também em numerosas curas corporais. Com essas curas, ela exorta à fé e à reconciliação com Deus.

Vencedora de satanás: todas as iniciativas de Nossa Senhora em Medjugorje lembram a mulher da Bíblia que se encontra numa irreconciliável inimizade com satanás (cf. Gn 3,15; Ap 12). Nossa Senhora reconhece as condições positivas e negativas nas quais se desenvolve sua missão e oferece sua ajuda aos homens para levar-lhes a salvação. Ela bem conhece os perigos que lhes vêm da parte de satanás, seu mais obstinado inimigo, assim como de seus filhos. Por isso, mais de uma dezena de vezes os põe em guarda contra os poderes do mundo, contra sua malícia e sobre o perigo mortal que, por causa dele, pesa sobre a Paróquia e sobre os homens (12/07/84; 19/07/84). Com gravidade admoesta: *«satanás é muito forte, e com todas as suas energias quer destruir meus planos que comecei a realizar com vocês» (14/01/85).*

Nossa Senhora em Medjugorje e a Mulher da Bíblia manifestam-se como a mesma pessoa não somente pela inimizade em relação a satanás, mas também pela vitória sobre ele. De fato, porquanto esse dragão seja forte e agressivo (cf. Ap 12,3-4), Nossa Senhora, já agora em Medjugorje, esmaga-lhe a cabeça (cf. Gn

3,15; Ap 12,7-9) e já agora obtém manifestas vitórias sobre ele e sobre o pecado. Na mensagem de 5 de setembro de 1985, Nossa Senhora declarou que: *«o plano de satanás (para Medjugorje) fracassou»*. As aparições e as ações de Nossa Senhora em Medjugorje têm, enfim, produzido muitos frutos mais que manifestos e grandiosos.

Uma paróquia modelo

Em princípios de fevereiro de 1984, Nossa Senhora Rainha da Paz manifestou o desejo de reunir todos os paroquianos na Igreja de São Tiago, onde toda quinta-feira, deixava a eles sua mensagem, expressando seu desejo de fazer daquela Paróquia um modelo para as demais da cristandade:

— *«Queridos filhos, escolhi esta Paróquia de um modo especial e gostaria de guiá-la. Protejo-a com amor e gostaria que todos me pertencessem. Obrigada pela resposta de vocês nesta noite. Espero que venham sempre mais numerosos a mim e ao meu Filho. Cada quinta-feira lhes darei uma mensagem» (01/03/84).*

Ela traça seu programa de formação a partir do fundamental: *«convertam-se a si mesmos, assim ajudarão a converter todos os que aqui vierem»*.

Os métodos de ensino (encorajamento, advertência, decepção, amorosa severidade, consolação, contentamento) são os mesmos que usaria uma mãe: um imenso amor e uma cortesia comovente.

— *«Rezem pela unidade da Paróquia, porque meu Filho e eu temos um programa muito especial para ela" (08/03/84).*

— *«Peçam ao Espírito Santo que desça sobre cada um de vocês. As pessoas rezam de modo errado: pedem graças materiais.*

Poucos pedem os dons do Espírito Santo. Mas aqueles que recebem o Espírito Santo, recebem tudo» (07/06/84).

— *«Todas as quintas-feiras leiam e vivam a passagem do Evangelho de São Mateus 6,24-34: 'não podem servir a dois senhores... Não se preocupem... Olhem as aves do céu... Procurem primeiro o reino de Deus...'».*

O amor é a mensagem principal para a Paróquia e deve tornar-se a característica distintiva do povo do lugar. Ele vem da oração e leva à paz, mas precisa começar na família:

— *«Sem amor nada conseguirão. Por isso comecem a amar por primeiro sua própria família e a se amarem mutuamente na Paróquia. Só assim poderão amar e acolher a todos os que vêm aqui» (13/12/84).*

— *«Nos próximos dias, virão a esta Paróquia pessoas de todas as nações (para o 4º aniversário do início das aparições). Agora eu os convido ao amor. Amem, em primeiro lugar, seus familiares, e assim poderão acolher e amar a todos os que vierem aqui» (06/06/85).*

Essa programação pastoral, ditada e acompanhada de perto pela própria Mãe de Deus (ali transformada numa diligente catequista), produziu um fervor religioso inusitado, que levou os sacerdotes do local a reconhecer: *«nossa Paróquia ressuscitou. Nós estávamos dormindo. A Mãe veio e nos acordou».*

Ao longo dos anos, Nossa Senhora transmite mensagens de um modo simplicíssimo e pede que se vivam essas mensagens.

Em Medjugorje existe um povo que reza. Nossa Senhora quer que seus filhos rezem, pede-nos que rezemos por nossa conversão, a fim de que possuamos a paz e difundamos essa mesma paz aos outros.

Medjugorje é uma aldeia que tem a experiência da Paz de

Deus. Uma paz que se percebe no ar, no ambiente, no semblante dos moradores, na maneira de ser das pessoas pertencentes à comunidade. E essa paz se estende também aos que ali chegam, dada a todas as pessoas, como graça de Deus!

Medjugorje, em pouco tempo, transformou-se diante do mundo num testemunho que fala e converte. Sem belas praias, sem confortáveis hotéis, ela passou a atrair mais visitantes do que os mais pitorescos locais de férias. Esse lugar exerce uma força magnética poderosa sobre as multidões, transformando-as em peregrinos.

Todos encontram respostas para suas angústias: *ofertas de paz através da fé, da conversão e da oração.* Suas vidas readquirem novo sentido, sentem despertar dentro de si a confiança em Deus e na vitória do bem, experimentam uma nova compreensão dos valores espirituais. Compreendem que a paz é possível, e seu caminho inicia uma conversão pessoal a Deus.

O verdadeiro milagre é a alegria que se experimenta, a serenidade! E os peregrinos levam para suas casas, seus países, essa alegria e essa paz!

O ponto central para o qual os peregrinos se reúnem, em Medjugorje, é a festa da Eucaristia.

As Santas Missas são celebradas todos os dias em pelo menos sete idiomas (croata, polonês, húngaro, línguas euro-orientais, alemão, inglês, italiano, francês, espanhol), e são concelebradas por sacerdotes das respectivas línguas.

A Missa vespertina é, desde os primeiros dias das aparições, o verdadeiro ponto central. Concelebram diariamente cerca de 50 sacerdotes, freqüentemente mais de 100. O Evangelho é proclamado em várias línguas, a Oração Eucarística, em latim; o Pai-nosso e às vezes mesmo toda a Missa é cantada em latim, ou em mais línguas no coro. O número de fiéis, em cada dia, é superior a 2 mil, chegando mesmo no verão a ultrapassar os 6 mil.

A Adoração ao Santíssimo é feita à tarde e à noite (às quartas, quintas e sábados), sempre com a Igreja repleta de fiéis, numa piedosa oração.

Todas as sextas-feiras, após a Missa vespertina, é feita a adoração da Cruz de Jesus, na Igreja.

Medjugorje é conhecida em todo o mundo como o lugar onde o Sacramento da Penitência é o mais administrado. Durante os dias da semana, um grande número de Sacerdotes se distribuem ao redor da Igreja, nos confessionários, com placas que indicam seus idiomas, para atender em Confissão a todos os peregrinos que chegam. São testemunhas das inúmeras conversões e arrependimentos sinceros dos peregrinos que estão dispostos a mudarem suas vidas.

Na Igreja, o Rosário é rezado todos os dias. Todos o trazem nas mãos, nos lábios e no coração, seja por onde estão: no Krizevak, no Podbrdo, nas casas, nos grupos de oração, na praça ao redor da Igreja...

Medjugorje tornou-se um centro de espiritualidade, uma fonte de impulso espiritual em todo o mundo e não apenas no mundo católico.

Os frutos

Para os peregrinos, Medjugorje tornou-se um lugar de profundos acontecimentos religiosos. Muitos encontraram de novo seu Credo, converteram-se e iniciaram uma nova vida: reencontraram a via da oração e da fraternidade, redescobriram a comunidade da Igreja e se decidiram a participar da vida religiosa na Paróquia, continuando em casa aquilo que iniciaram em Medjugorje, vivem a mensagem de Nossa Senhora e transmitem-na aos outros. Fazem por todo o mundo uma permuta de jornais, revistas, folhetos, estudos e livros sobre os acontecimentos de Medjugorje.

Em todas as partes do mundo nascem grupos de oração, formados pelos peregrinos que em Medjugorje se sentiram inspirados na oração em comunidade.

No mundo todo existem numerosas fundações de beneficência

que, inspiradas na espiritualidade de Medjugorje, se expandiram em piedoso amor fraterno aos mais necessitados. As obras conduzidas por Maria Santíssima dão muitos frutos e crescem como fermento...

As curas milagrosas também são numerosas e atestam que o mal da doença física é vencido pelo poder de Deus de dar a vida e a saúde, e Sua vontade de vencer o mal em nossas vidas.

Muitos peregrinos, vindos de todas as partes, pedem aos videntes que se dirijam à Virgem pedindo curas a membros da família, a conhecidos ou amigos. Nossa Senhora pede que todos rezem, que as orações sejam oferecidas a Jesus e que creiam firmemente:

— *«Eu não posso curar. Só Deus cura. Rezem bastante e eu intercedo, rezando com vocês. Creiam, tenham bastante fé. Jejuem, façam penitência. Eu os ajudarei tanto quanto possa ajudá-los. Deus vem em auxílio de todos. Eu não sou Deus. Tenho necessidade de suas preces e de seus sacrifícios para obter as graças de Deus».*

Assim como as graças de Jesus chegam aos homens por intermédio de Maria, assim também as preces que dirigimos à Virgem e aos santos são levadas a Jesus:

— *«Por favor, peçam a Jesus. Eu sou sua Mãe e intercedo por vocês. Todas as orações são levadas a Jesus. Eu ajudarei, eu pedirei, mas nem tudo depende somente de mim. É preciso que vocês também se esforcem, que vocês rezem com fervor»*

Os grupos de oração

Nossa Senhora nos pede, em sua mensagem de 25 de setembro de 2000, que formemos grupos de oração. São estas as suas palavras:

— *«Renovem as orações em suas famílias e formem Grupos de Oração. Assim fazendo, sentirão alegria na oração e na comunidade. Todos os que rezam e pertencem a grupos de oração têm seus corações abertos para a vontade de Deus e passam a ser alegres testemunhas de Seu Amor».*

A família é o primeiro e mais importante grupo de oração. Por essa razão, Nossa Senhora insiste em que se reze sempre em família. Nada conhecemos que una mais uma família, que a oração. É a oração que liga a família ao Amor de Deus. Criam-se então, laços imperecíveis entre os membros da família e Deus. Acontece, porém, que a Fé (e, por conseqüência, a oração) está como morta em inúmeros grupos familiares. Por vezes, salva-se um único elemento que reza e que se compromete com a Fé. Ele tem necessidade de que alguém o acompanhe para poder viver e perseverar num clima de espiritualidade. Daí a razão pela qual é preciso que se criem grupos de Oração, em que seus membros se mantenham fiéis a seus propósitos.

Desde quando se deram as primeiras aparições de Nossa Senhora em Medjugorje, surgiram grupos formados pelos jovens locais e isso depois se estendeu ao mundo todo. Por todo o mundo têm surgido grupos, onde as pessoas, uma vez por semana, se reúnem para meditar a Palavra de Deus, rezar o terço, partilhar as mensagens de Medjugorje e as transformações que estas trazem a nossa vida. Certamente esses encontros são ricos das graças de Deus e alimento para nossa caminhada. Os Grupos de Oração Rainha da Paz podem ocorrer nas casas, comunidades, Igrejas ou em outro lugar qualquer onde se possam reunir as pessoas para rezar em grupo.

Sugestões para criação e orientação aos Grupos de Oração:

Recomendam-se reuniões alegres, participativas, em que todos *Rezem Com o Coração!*

Abertura: invocação à Santíssima Trindade com o Sinal da Cruz.
1º momento: Invocação ao Espírito Santo. Reconciliação com Deus (pedido de perdão).
2º momento: Meditação do Terço (pode-se cantar entre os mistérios).
3º momento: Meditação da Palavra de Deus.
4º momento: Meditação das mensagens de Nossa Senhora Rainha da Paz (após um canto, uma mensagem é lida e meditada).
5º momento: Consagração a Nossa Senhora (pode ser com canto).

Nossa Senhora convida-nos repetidamente a divulgar suas mensagens

— *«Hoje, Eu os convido a se tornarem missionários das mensagens que dou aqui, nesse lugar tão querido por mim».*

— *«... O Espírito da verdade é necessário para poderem transmitir as mensagens exatamente como Eu lhas dou, sem nada tirar ou acrescentar» (09/06/84).*

— *«... Eu continuarei a dar-lhes mensagens, porque os amo e desejo que as difundam com amor» (10/01/85).*

— *«Queridos filhos, vocês são responsáveis pelas mensagens... Eu peço que distribuam esses dons para os outros com amor e não os guardem para vocês» (08/05/86).*

— «... Por isso, filhinhos, convido-os a viverem com amor as mensagens que lhes dou e a transmiti-las ao mundo inteiro...» (25/ 02/95).

Nossa Senhora deu aos videntes a tarefa de difundir suas mensagens ao mundo inteiro e pede a cada um de nós que a ajudemos. Quando vivemos as mensagens em nossa vida, nossa influência surte efeito. Compreendemos o porquê de Nossa Senhora nos pedir que levemos paz aonde não há paz e luz aonde existem trevas. É preciso que as mensagens encontrem solo fértil em todos os lugares e, assim, frutifiquem no mundo inteiro.

Os videntes estão conscientes de sua responsabilidade e por esse motivo percorrem vários países, sempre que lhes é possível, a fim de transmitir com fidelidade e amor tudo aquilo que receberam de Nossa Senhora e que se estende a todos nós.

Sobre as mensagens, os seis videntes falam e transmitem ao mundo praticamente as mesmas coisas, que são o apelo de Nossa Senhora para que acolhamos e vivamos suas mensagens:

Jakov nos diz numa entrevista em 22/03/2000: *«Nossa Senhora gostaria que os videntes transmitissem aos outros: em primeiro lugar, Nossa Senhora focaliza como mensagem principal o próprio Filho Jesus Cristo. Quer demonstrar o grande amor que Jesus tem pelos homens todos.*

Cada um de nós que abrir um pouquinho que seja seu coração acaba por descobrir o imenso Amor que Deus alimenta pela humanidade. Aqui em Medjugorje, depois de tão longas aparições (hoje 21 anos), Nossa Senhora aparece, preocupada com cada um em particular. Durante esse tempo todo, Ela quer presentear-nos com o Dom do Amor de Deus, embora saibamos que nem todos o querem receber.

Muitos acham as mensagens repetitivas, pois não trazem novidade alguma: falam de conversão, oração, jejum, vida sacramental. Devemos entender que são para nosso bem, para nossa salvação e vivendo-as compreenderíamos muito bem o porquê de tudo o que acontece e a razão de tantas aparições, de tantos e reiterados pedidos de Nossa Senhora.

Nossa Senhora não aparece somente para os videntes, mas aparece para todos os homens.

Nossa Senhora se intitula Rainha da Paz. Como foi Deus que a enviou, Ele mesmo nos quer comunicar sua Paz.

O mundo está muito conturbado e necessita enormemente de paz. Não qualquer paz, mas a paz que vem de Deus. Essa paz, que Deus nos quer dar e para a qual nos convida, nasce em primeiro lugar em nosso coração. Ninguém pode rezar pela paz no mundo, se seu coração não estiver em paz. Se essa paz não corresponder à verdade, é preciso pedi-la a Deus, de quem emana para os homens a verdadeira serenidade.

Nossa Senhora, ao longo desses anos, não se cansou de reiterar seus pedidos, contidos nas mensagens; também nós não podemos deixar de divulgá-las, principalmente os trechos que sabemos serem de primordial importância: ler as mensagens, acolhê-las e pô-las em prática, na vida de cada dia. Somente assim conheceremos a dimensão do Amor de Deus por nós, criaturas humanas, e saberemos avaliar o Dom que nos está oferecendo».

Ivan, numa entrevista, também nos relata: *«Nossa Senhora me orienta como faz uma mãe. Conversamos e rezamos juntos pela paz e pela conversão do mundo. Toda aparição se constitui como que uma nova experiência, como se fosse a primeira. Ouço os peregrinos dizerem ser Nossa Senhora repetitiva e queixam-se de que fala muito: Rezem! Rezem! Devemos entender que cada apelo à oração é um convite novo. Quando Nossa Senhora diz que seus filhos estão dormindo, é porque quer vê-los acordados. É sempre um novo apelo, uma nova chamada. Toda mensagem traz algo de novo e nos dá outra oportunidade de conversão para seguirmos o caminho certo. Estamos vivendo um tempo de muitas graças. Cada dia é um dia de graças, mas a elas nos abriremos somente pela oração. Sem nossas orações nada se concretizará. É muito* *importante viver o conteúdo das mensagens. Que ninguém pense que a paz virá naturalmente. A paz é conseqüência das graças que nos são concedidas, através da oração. É muito importante entender o espírito das mensagens. Os evangelhos também nos convidam à fé, ao amor, à conversão, à oração, ao jejum e à penitência. Essas palavras não podem ser tomadas na superficialidade, mas devem transformar-se em realidade em nossas vidas. Desejo a todos os amigos de Medjugorje que encontrem forças para se decidirem irrevogavelmente por Deus e pela oração, como Nossa Senhora tanto deseja. É preciso que levemos a sério nossa conversão. Pela prática da oração e, principalmente, pelo testemunho de nossa vida, cada um de nós deve tornar-se um sinal e, por conseqüência, missionário de Nossa Senhora».*

— *«Vocês não podem avaliar quantas graças o Senhor lhes concede. Parecem não progredir, embora o Espírito Santo opere de modo especial. Seus corações estão voltados para os bens da terra e só com isso se preocupam. Voltem-se para a oração e peçam que o Espírito Santo se derrame em vocês» (09/05/85).*

— *«Paz! Paz! Paz! Rezem pela paz. Rezem com sua Mãe pela paz. Obrigada por terem respondido a meu apelo» (14/09/2001).* Esta mensagem foi dada a Ivan, dois dias após os atentados nos EUA.

Marija, em entrevista no dia 11/01/2000 e em 22/06/2000, nos diz: *«Nossa Senhora, no último Natal, com o menino Jesus nos braços, disse-nos, na mensagem, que devemos optar pela paz e ser portadores dessa mesma paz. Jesus, o Filho de Deus, que trouxe a paz para todo o mundo, quer que a tenhamos em nossos corações. Precisamos estar conscientes de que, sem essa comunicação com Deus, pela oração, os homens não terão um futuro com melhores dias. Isso Nossa Senhora nos frisa bem: «Rezem, rezem, para que este século possa ser um tempo de bem-*

aventurança, de graça e de paz duradoura na terra». Se fizermos o que nos aconselha a Mãe de Deus, poderemos alcançar a paz e, ao mesmo tempo, seremos apóstolos, disseminadores da paz de Deus pelo mundo. O desejo de Nossa Senhora foi sempre este: que nos tornemos luz e paz para os outros.

Ela se apresenta como Rainha da Paz. Diz que não existe paz porque não se reza. Pede para que rezemos, assim conseguiremos a paz em nosso coração, depois a paz em nossa família e em seguida a paz do mundo. Não havendo paz no coração, não haverá paz no mundo.

Nossa Senhora sempre nos convida a colocar Deus como prioridade em nossa vida, em primeiro lugar, ao invés do eu de cada um. Assim, ela pede para retornar à vida espiritual e convida à oração com o coração, que é a oração aceita por Deus.

O que pregamos aos outros, devemos vivenciá-lo nós mesmos. Tudo o que Nossa Senhora nos transmite já está contido nas Sagradas Escrituras. Daí, então, entendemos que suas mensagens de cada dia 25 nos fazem aprofundar, cada vez mais, na fé. Quando alguém lê por alto as mensagens, não vai compreendê-las com a riqueza de que se revestem. Todas as vezes que eu as recebo, detenho-me por um bom tempo sobre elas, até compreender seu verdadeiro significado. Nossa Senhora nos fala com muita simplicidade, a fim de que todos possam entender suas palavras. Embora simples, vêm acompanhadas de profundo sentido (espiritual e religioso). Na oração sincera somos iluminados pelo Espírito Santo. Assim, também, quando acolhemos as mensagens (de coração aberto), entendemo-las em seu verdadeiro sentido, e não será difícil pô-las em prática em nossa vida. Constantemente Nossa Senhora nos convida à santidade. Com paciente perseverança, podemos corresponder a seu convite e transformar nossa vida. Desejo que cada um de nós descubra o grande Amor que Deus tem por todos e saiba reconhecer, agradecendo, esses dias de bênçãos que pairam sobre os homens.

Precisamos fazer com que se aproxime de Deus e de Nossa Senhora grande número de pessoas.

Nossa Senhora fala, por meio de Mirjana, que*: é preciso conquistar aqueles que estão longe e ainda não conhecem o amor de Deus. Entendo que nós devemos representar as mãos estendidas para alcançá-los.*

Nossa Senhora vem até nós para mostrar-nos que Deus existe e somente Ele nos poderá conceder a verdadeira paz, a salvação, a vida eterna. Repetidas vezes, Nossa Senhora nos convida a nos aproximarmos dela, que, como Rainha do Céu e da Terra, é nossa educadora e orientadora de nossas famílias. É assim que devemos acolhê-la. Se a aceitarmos, vamos conhecer e vivenciar seu profundo amor. Em todo esse tempo de aparições, muitos ainda não entendem por que Nossa Senhora aparece, aqui, em Medjugorje. Quero salientar que a razão maior, pela qual Ela aparece, é seu incontido amor por nós, para ajudar-nos a seguir o caminho correto em nossa vida. É preciso fazer uma tentativa de vivenciar as mensagens de nossa Mãe celeste e acolhê-las de coração aberto. Tudo o que é bom deve conduzir-nos a Deus. Nossa Senhora nos convida sempre à oração. Quando abrimos, em nosso cotidiano, um tempo para Deus, então, ele se torna nosso amigo. Assim sendo, quando surgirem problemas em nossa vida, enfrentá-los-emos tranqüilamente com a ajuda de Deus. Ele abençoará nosso trabalho, nossa família, nossa vida e tudo a que estivermos ligados. Nunca podemos esquecer o que Nossa Senhora sempre disse: «Coloquem Deus em suas vidas em primeiro lugar!»

Mirjana nos relata o que nos pede Nossa Senhora: *«Nossa Senhora deu a cada um de nós, videntes, uma tarefa, uma missão: eu devo rezar pelos incrédulos; Vicka e Jakov, pelos doentes; Ivan reza pelos jovens e sacerdotes; Marija, pelas almas do purgatório, e Ivanka, pelas famílias.*

Nossa Senhora prometeu-me algumas aparições extraordinárias que começaram em 02/08/87, e continuam, cada mês, no dia 2, mas não sei quanto vão durar. Nessas aparições Nossa Senhora e eu rezamos pelos incrédulos, bem como por aqueles que ainda não conheceram o amor de Deus. Para eles, Nossa

Senhora pede nossa ajuda. Ela diz que não podemos mudar os incrédulos, mas podemos ajudá-los com nossa oração e exemplo. Quer que coloquemos diariamente a intenção para os que não crêem, em nossas orações. Diz que tantas coisas ruins que acontecem no mundo (como guerras, separações, suicídios, drogas, aborto) são causadas pelos incrédulos. Por isso diz: «Filhos meus, quando vocês rezam por eles, rezam por vocês mesmos e por seu futuro». Ela não quer que preguemos apenas, mas que evangelizemos com nossa vida (com nosso exemplo), assim os incrédulos podem ver a Deus e Seu amor em nossas vidas. Eu lhes peço que levem isso a sério, porque se vissem as lágrimas de Nossa Senhora sobre Seu rosto pelos incrédulos, estou certa de que rezariam de todo o coração. Nossa Senhora fala que este tempo em que vivemos é tempo de decisões; e nós, que somos filhos de Deus, temos uma grande responsabilidade.

A mensagem mais importante que Nossa Senhora repete é a respeito da Santa Missa. Não devemos participar dela apenas nos domingos, mas também durante a semana, e diz: «escolham sempre a santa Missa, porque na Missa meu Filho está com vocês».

5.
Posição e pareceres da Igreja

Durante os primeiros meses, as aparições transcorreram com inteiro apoio do Bispo Diocesano, D. Pavao Zanic, que ia freqüentemente a Medjugorje conversar com os videntes. Queria estar a par de tudo e era favorável às aparições. Alguns meses depois, porém, mudou de opinião, pressionado talvez pelo Conselho Executivo de Sarajevo, que ameaçou colocá-lo na cadeia se continuasse apoiando aqueles fatos.

Rejeitando o julgamento negativo apresentado, em 1986, pelo então Bispo de Mostar, D. Pavao Zanic, Roma encarregou o estudo das aparições da Rainha da Paz em Medjugorje à Conferência Episcopal Iugoslava, sob a presidência do Bispo D. Komarica, de Bania Luka, na Bósnia-Herzegovina.

Em 1990, o Presidente da Comissão, D. Komarica, foi pessoalmente a Medjugorje e celebrou a Santa Missa vespertina dos peregrinos. Ele afirmou, naquela oportunidade, que outros Bispos da Comissão também iriam a Medjugorje, o que, de fato, ocorreu até o início da guerra. Durante a homilia, ele reconheceu os bons frutos de oração e de conversão em Medjugorje. Disse: "*A Comissão reconhece estes frutos*".

Em 11 de abril de 1991, reunida em Zadar, a Conferência Episcopal, responsável pela Comissão, aceitou Medjugorje como um lugar de oração. Isso foi um explícito encorajamento às peregrinações a Medjugorje e aos sacerdotes que podem ir e administrar os sacramentos ali.

Em 17 de junho de 1991, tendo em vista o grande fluxo de peregrinos vindos do mundo inteiro e para auxiliar os padres franciscanos de Medjugorje na salvaguarda da doutrina Católica no Santuário, a Comissão nomeou uma Subcomissão, composta por dois Bispos e dois teólogos, para acompanhamento pastoral e litúrgico. Até agora, essa Subcomissão não pediu nenhuma modificação nos programas pastorais locais.

O presidente da Conferência Episcopal Iugoslava, Cardeal Kuharic afirmou: *"Depois de três anos de estudos conduzidos pela Comissão apropriada, nós Bispos aceitamos Medjugorje como um lugar de oração, como um santuário... Com relação ao aspecto sobrenatural das aparições... nós o deixamos para investigações posteriores. A Igreja não tem pressa"* (Glas Koncila, agosto de 1993)

Em setembro de 1991, durante uma conferência em Viena, o Cardeal Ratzinger, referindo-se a Medjugorje, informou: *"Nós estamos abertos. A Comissão continua seu trabalho. Deve-se esperar e rezar".*

Até hoje, não houve nenhum caso em que a Igreja tenha reconhecido oficialmente a autenticidade de aparições, porquanto estarem ainda em curso. Numa entrevista com D. Kurt Knotzinger, Presidente do Instituto Eclesiástico, o Bispo D. Paulo Hnilica, S.J., conselheiro do Papa para os países do Leste, afirmou: *"Um reconhecimento de Medjugorje por parte da Igreja não será possível enquanto as aparições continuarem. Contudo, o silêncio da Igreja significa que, até agora, Roma acha tudo legitimado. Há muito a Igreja já teria se pronunciado contra, se alguma coisa não estivesse de acordo com o sentido teológico, bíblico e moral, posto que milhões de peregrinos para lá se dirigem".*

Em 25 de março de 1994, D. Hnilica escolheu Medjugorje para celebrar o 10º aniversário da Consagração da Rússia e do Mundo ao Imaculado Coração de Maria, feita em 1984 pelo Papa João Paulo II. Naquela ocasião, ele convidou os devotos de Maria, do mundo inteiro, a irem a Medjugorje a fim de renovarem ali a Consagração, em união com o Santo Padre. Bispos e numerosos sacerdotes compareceram. Durante um encontro particular com o Papa, em 8 de agosto do mesmo ano, o Bispo contou-lhe sobre a renovação da Consagração em Medjugorje, ocorrida em março.

Como a Comissão nomeada por Roma representa a corte oficial com relação a Medjugorje, não pertence à autoridade de Bispos e sacerdotes proibir peregrinações a Medjugorje. Assim, os fiéis que visitam Medjugorje permanecem em total comunhão com a Igreja. Até agora, as peregrinações particulares, organizadas por leigos, são permitidas. Sacerdotes e Bispos podem delas participar, em caráter privado.

Medjugorje é hoje um dos mais importantes locais de peregrinação no mundo, visitada por mais de 20 milhões de peregrinos. Mais de 30 mil sacerdotes e bispos já estiveram lá.

Alguns testemunhos:

«O Papa falou favoravelmente sobre os acontecimentos em Medjugorje... Dizer que nada está acontecendo ali é negar os fortes testemunhos de milhares de peregrinos que têm ido lá» (D. Michael Pfeifer, Bispo da Diocese de San Angelo, Texas, EUA, 05/08/88, relatando sua visita "ad limina" a Roma, com Bispos do Texas em abril passado, na conversa particular que manteve com nosso Santo Padre).

«A mensagem de Medjugorje é um apelo à renovação da pessoa, da Igreja e do mundo. É um apelo à oração e à penitência... Medjugorje tem-se tornado, para muitos, um lugar de oração e de conversão» (Dom Wilhelm Egger, Bispo da Diocese de Bozano-Bressanno, 08/10/90).

«Eu tenho notado que as pessoas que vão a Medjugorje tornam-se apóstolos. Elas renovam as Paróquias, formam grupos... rezam diante do SS. Sacramento... e levam outros a Medjugorje... Elas renovam a Igreja!» (Cardeal Siri, de Genoa, 1989).

«Nunca tínhamos visto a igreja tão cheia e com tantas missas diárias como agora. Nós estamos vendo os frutos de Medjugorje» (Arcebispo Gregory Yong, de Singapura, durante sua homilia em 25/06/88, na Catedral de Singapura).

«Medjugorje representa o acontecimento do século. Nós precisamos estudá-lo muito bem do ponto de vista teológico e científico» (Pro-Núncio da Iugoslávia, D. Francesco Colasuono, 31/07/85).

«Eu estou profundamente convencido das aparições em Medjugorje e sou muito agradecido... Passo a passo, o Imaculado Coração de Maria triunfa. Estou totalmente convencido de que Medjugorje é um sinal disso» (Cardeal Frantisek Tomasek, em entrevista ao Gebetsaktion, 1990).

«Eu falei com o Santo Padre no dia 24 de fevereiro de 1990... Disse-lhe que tinha ido a Medjugorje três vezes e que estava retornando na semana seguinte. Ele simplesmente disse: "Medjugorje é um grande centro de espiritualidade!" (D. Murillo Krieger, Brasil).

D. Clancy Edward Bede, Cardeal da Austrália, pediu a todos os Bispos do continente que permitissem a visita do vidente Ivan e do Pe. Slavko de Medjugorje, a suas Dioceses. Assim, em janeiro de 1993, eles tiveram encontros com 150 mil pessoas.

D. Hnilica visitou a Rússia com a vidente Marija Pavlovic em 1991.

D. Daneels, Bispo da Bélgica, convidou o vidente Ivan para um encontro particular, quando ele visitava seu país, em agosto de 1994.

D. Vinko Pulic, logo que foi instituído Cardeal pelo Santo Padre, em Roma, visitou Medjugorje quando voltava para Sarajevo, em dezembro de 1994.

«Muitos no mundo acreditam que a Mãe de Deus estabeleceu-se no interior da Herzegóvina e, como Rainha da Paz, tem feito em Medjugorje um apelo à conversão e à paz» (Cardeal Franjo Kuharic, Primata da Croácia, em 15/01/92, na solene consagração de seu País ao Imaculado Coração de Maria).

«As pessoas de fé estão convencidas, em consciência, de que, com essas mensagens de Nossa Senhora em Medjugorje, podem estimular outras ao bem, à conversão, à paz. Elas devem fazê-lo. É questão de consciência» (Cardeal Kuharic, 27/09/92 a Gebetsaktion).

Em 1994, os Bispos ingleses, D. Couve de Murville, D. Thomas McMahon e D. Ambrose Griffith receberam o vidente Ivan Dragicevic' e concelebraram com Pe. Jozo.

"Nós temos mais conversões em Medjugorje do que em qualquer parte do mundo... Eu não me recordo na história de algo comparado aos acontecimentos de Medjugorje» (D. Nicholas D'Antonio, Bispo, em 1991, ao abrir a Conferência Nacional sobre Medjugorje, em Notre Dame, EUA).

"Em toda a minha vida jamais vi coisa igual", testemunham muitos sacerdotes. Um número crescente deles vai a Medjugorje, não apenas para prestar assistência espiritual aos peregrinos, mas também para entrar na escola da Bem-aventurada Virgem Maria. Eles passam longas horas no confessionário onde vivem experiências impressionantes.

«A teologia de Medjugorje é verdadeira. Estou convencido de sua autenticidade. Tudo relacionado a Medjugorje é autêntico do ponto de vista Católico. Tudo o que acontece ali é muito evidente, muito convincente» (D. Hans Urs Von Baltasar, Cardeal e um dos maiores teólogos de nosso século).

O Santo Padre já recebeu os videntes de Medjugorje. Mirjana Dragicevic', em sua primeira visita ao Papa, falou com ele durante 20 minutos. A vidente disse que nada revelará dessa conversa, a não ser estas palavras do Santo Padre: *"Se eu não fosse Papa, já teria ido a Medjugorje".*

«Medjugorje é o cumprimento e a continuação de Fátima". "O mundo perdeu o sentido do Sobrenatural. Ele o reencontra em Medjugorje através da oração, do jejum e da penitência sacramental" (João Paulo II ao Bispo D. Hnilica, em março/84 e em agosto/89, respectivamente).

Arcebispo: *«Na Coréia, na cidade de Nadju, há uma imagem de Nossa Senhora que chora».*

Papa: *«E há alguns bispos, como na Iugoslávia, que são contra... Mas você deve considerar a resposta das pessoas, as muitas conversões... Tudo isso está em linha com o Evangelho. Todos esses acontecimentos devem ser estudados seriamente»* (João Paulo II e o Arcebispo de Kzangju).

Arcebispo:*«O que fazer com relação às tantas pessoas que vão a Medjugorje?»*

Papa: *«Deixe-as ir. Elas vão lá rezar. Chegando lá, reze por mim»* (João Paulo II e D. Patrik Flores, Arcebispo de San Antonio, Texas, EUA, agosto de 1989).

Bispo: *«Santo Padre, Eu acabei de chegar de Medjugorje. Há coisas maravilhosas acontecendo ali...»*

Papa: *«Sim, é bom para as pessoas ir a Medjugorje, rezar e fazer penitência"* (João Paulo II e o Bispo D. Sylvester Treinam).

«Dou-lhe minha bênção. Tenha coragem, estou com você. Diga ao povo de Medjugorje que estou com vocês. Proteja Medjugorje» (João Paulo II ao Pe. Jozo, em visita a Roma, em 17/06/92).

Em geral, caso o conteúdo das mensagens não cause danos à fé ou à moral dos fiéis, a Igreja permite sua divulgação, mas um pronunciamento oficial sobre a autenticidade só vem depois de terminadas as manifestações, como se verificou com relação às aparições de Lourdes e de Fátima. As aparições de Medjugorje estão ainda em curso. Enquanto isso, de todas as partes ouvem-se testemunhos calorosos e convincentes. O Cardeal Gray, por exemplo, em 01/08/89, assim se expressou: *«O que confirma a autenticidade das aparições de Medjugorje são os frutos. O próprio Santo Padre muitas vezes tem declarado seu apoio a Medjugorje. Medjugorje é o centro espiritual do mundo, dissera o Papa João Paulo II (Sveta Bastina, abril/90)».*

Não ter pressa...

Mas o que espera a Igreja para pronunciar-se oficialmente?

Em primeiro lugar, as aparições ainda não terminaram, portanto, o processo deve continuar necessariamente aberto.

A Congregação para a Doutrina da Fé tem oportunidade para ouvir os teólogos católicos que já expressaram suas opiniões sobre Medjugorje: dentre eles, René Laurentin, da França, o mais eminente perito católico em aparições marianas, que, como se sabe, escreveu e falou com entusiasmo sobre Medjugorje: *«Não podemos ignorar Medjugorje. Medjugorje é especial e isso se conclui pelos frutos que produz... Em minha opinião, é o lugar do mundo onde mais se confessa e se dão as conversões. Além disso, quantas vocações brotaram lá! Ali renasceu com força, o hábito de jejuar. Lá se concentram muitas comunidades e grupos de oração». «Ali onde a vida se desenvolve ordenada, serena e frutuosa, a máxima do Evangelho se impõe por si: 'pelos frutos se conhece a árvore'».*

Não devemos ter pressa, pois os fatos preditos não se realizaram ainda, e os dez segredos não podem ser transmitidos nem ao Papa, antes do tempo fixado por Nossa Senhora. Mesmo depois de tudo terminado. A Igreja precisará de um tempo razoável para certificar-se da autenticidade sobrenatural das aparições.

Esse tempo poderá ser longo. Sabe-se que nessa área, a Igreja é extremamente cautelosa. Ela não tem pressa. A verdade também não tem pressa. E Nossa Senhora, muito menos. Em Guadalupe, no México, Ela esperou, sorrindo, a beleza de cem anos, o reconhecimento de Roma. Em Fátima, apesar do evidente milagre do sol, presenciado por mais de 70 mil pessoas, levou 13 anos.

Por ora, a Igreja se mantém em silêncio, procurando não dar gratuitamente um caráter sobrenatural aos fatos, evitando expressar-se e comportar-se como se fosse certa a presença de Nossa Senhora. Isto para não influenciar o trabalho da Comissão de Estudo, que observa e analisa. Tudo deve ficar, por enquanto, em nível da fé privada. O «faro sobrenatural» que o povo de Deus mostra sempre por primeiro nesses casos deve crescer lentamente, consolidando-se nos frutos, *«a fim de que os homens, vendo vossas boas obras, glorifiquem vosso Pai que está nos céus» (Mt 5,16).*

Ao escrever este livro, não pretendo absolutamente antecipar-me ao julgamento da Igreja Católica. Apenas tenho a intenção de revelar a quem não conhece os fatos extraordinários que estão ocorrendo em Medjugorje, com as aparições diárias de Nossa Senhora Rainha da Paz, nas quais acredito, porque modificaram minha vida.

Enquanto aguardamos respeitosamente um parecer da Igreja, sabemos que devemos trabalhar por nossa conversão, devemos trabalhar pela paz, devemos nos relacionar com o Pai na oração, preocupar-nos com o irmão.

Estou convencida de que estamos diante de valores que o Evangelho aponta como essenciais à vida cristã.

Ali onde a vida se desenvolve ordenada, serena e frutuosa, a máxima do Evangelho se impõe por si: *«Pelos frutos se conhece a árvore» (Mt 7,16).*

Maria Santíssima, Mãe da Igreja, mostra-nos o caminho: seu Filho, nosso Senhor Jesus Cristo, o Caminho, a Verdade e a Vida!

A Igreja não deixará de considerar o instinto de fé dos cristãos, que souberam encontrar Deus de maneira nova e mais poderosa em Medjugorje; daqueles pequeninos, que sem reflexão teológica, de maneira simples, chegaram à conclusão de que, em Medjugorje, a presença de Maria é verdadeira e real.

Devemos caminhar com o espírito de escuta e obediência ao Magistério, mas também com aquela firmeza e perseverança das testemunhas da verdade, a fim de que a Igreja saiba acolher desse testemunho o carisma autêntico do sobrenatural que ali opera.

É a própria Nossa Senhora que adverte os videntes:

«Certamente é preciso dar ouvidos às autoridades da Igreja. Mas, enquanto isso, procurem caminhar espiritualmente». E estabelece um critério de discernimento: *«Tudo o que leva a Deus é Dom de Deus. Satanás é, em si mesmo, um ser negativo que só procura levar para o negativo».*

SEGUNDA PARTE

MINHA VIAGEM A MEDJUGORJE

Meu genro Marcos e Isabella, minha neta

Meus filhos: Ana Paula, Renata Cristina, Décio, Danielle

1.

A PROMESSA... A VIAGEM SANTA

Em junho de 1988, meu marido, Décio, convidou-me para nossa primeira viagem à Europa. Concordei, desde que ele me levasse a Medjugorje. Tudo acertado, peguei com D. Roberto Pinarello de Almeida, Bispo Diocesano de Jundiaí (+ 28-06-2002), as instruções para se pegar uma excursão para Medjugorje, em Roma, agência que o tinha levado, penso que em 1986, numa viagem em caráter privado a Medjugorje.

Embarcamos para a Europa e eu estava feliz. Após quinze dias conhecendo vários países como Espanha, Suíça, Áustria, chegamos à Itália e em Roma nos esperava um amigo, o Cláudio Ostini, e sua família. Dei a nosso amigo o endereço da agência que organizava excursões para Medjugorje, para que ele verificasse a possibilidade de irmos. Para minha surpresa, a excursão sairia no dia seguinte. Meu marido e nosso amigo tentaram convencer-me de fazermos outros passeios e conhecer outros lugares. Mas eu cobrei a promessa que o Décio havia feito no Brasil e decidimos ir para Medjugorje.

No dia seguinte, às 8 horas, estávamos no local combinado, perto da estação Términe, em frente a uma linda igreja, aguardando a chegada do ônibus que nos levaria, juntamente com um grupo de italianos, a Medjugorje. Havia muitas freiras, religiosas vindas do Canadá, um sacerdote, e pessoas que moravam em Roma. Senti que estávamos no meio de beatos... Todos começaram a rezar o terço e a cantar, mas eu e Décio não estávamos acostumados a rezar o terço e preferimos dormir, pois não queríamos nos envolver com «fanatismos»...

Chegamos a Pescara, onde um grande navio iria partir para Split. Eu tinha horror a barcos, navios e muito medo do mar. Mas naquele dia não pensei em meu medo, estava segura, sentia-me protegida por Nossa Senhora. Embarcamos e foi uma viagem agradável e bonita. Chegamos a Split, onde nosso ônibus, que estava no navio, desembarcou e seguimos para Citiluk, cidade próxima a Medjugorje, onde ficamos hospedados na casa de Joso Mozo e sua família. A excursão dividiu-se em grupos de pessoas que ficaram hospedadas em várias casas de família.

Interior da Igreja de São Tiago repleta de peregrinos

2.
Finalmente em Medjugorje

Décio, rezando no Krizevak

No dia seguinte, às 7 horas, o ônibus da excursão levou-nos finalmente a Medjugorje, onde estava programada a subida ao monte Krizevak. Levei a filmadora para registrar tudo. Medjugorje era um vilarejo pequeno, cercado de montanhas e de belas paisagens. Fazia muito calor. Iniciamos a subida à montanha fazendo orações nas estações da Via-Sacra, esculpidas em grandes placas de bronze ao longo do Krizevak. Em cada parada eu filmava tudo. Era muito bonito. A subida era íngreme, por um caminho de pedras pontiagudas; quase não havia terra, mas entre as pedras, pés de romã estavam carregados de frutos. Algumas pessoas não conseguiram subir. Havia uma freira que, apesar de sua pesada vestimenta e também de sua idade, não derramou uma gota de suor. Fiquei impressionada. Estava me perguntando por que Nossa Senhora havia escolhido aquele lugar distante!

Na quarta estação da Via-Sacra, quando a Mãe encontra seu filho Jesus carregando a Cruz, a caminho do Calvário, comecei a chorar copiosamente. Senti uma profunda dor, todo o sofrimento de Maria e Jesus, e solucei em lágrimas.

Finalmente chegamos ao topo do Krizevak, onde havia uma enorme cruz de concreto. A paisagem era muito bonita. Peguei a filmadora, mas percebi que a tinha guardado ligada; a bateria havia descarregado e não pude filmar mais nada. Rezamos e iniciamos a descida, chegando lá embaixo ao meio-dia. Passaram-se cinco horas entre a subida ao Krizevak e a descida. Estava faminta e com sede. A água que levei para beber usei-a para refrescar-me do calor durante a subida, umedecendo um lenço para passar no rosto e nos braços, o que me ocasionou uma pequena queimadura de sol.

A guia da excursão e o Sacerdote nos explicaram do jejum a pão e água que Nossa Senhora pedia e nos convidaram a fazê-lo. Décio disse-me baixinho que aquilo «era golpe», pois havíamos pago alojamento e refeições e agora aquela história de jejum... Serviram pedaços de pão caseiro muito saboroso e aceitamos fazer o jejum, a pão e água/refrigerante.

Nosso ônibus seguiu para a Igreja, onde após a reza do terço, assistimos à Missa. Fazia muito calor e a Igreja estava lotada. Décio ficou em alguma lanchonete tomando cerveja/refrigerante. Isso me entristecia, mas não podia obrigá-lo a estar comigo o tempo todo na Igreja... Afinal, ele já havia me levado a Medjugorje e eu deveria agradecer por isto e rezar por ele.

As senhoras do vilarejo eram identificadas pelos trajes que usavam: saias longas, blusas de mangas compridas, lenços na cabeça, pareciam camponesas. Muitos jovens e crianças rezando o terço. Todos os dias, os moradores de Medjugorje, às 16 horas, encerram seus afazeres e se dirigem à Igreja para rezar o Rosário e participar da Santa Missa.

A Igreja, Paróquia de São Tiago, é simples mas espaçosa, grande até pelo tamanho do vila-rejo, mas tornou-se pe-quena para acomodar tantos peregrinos. É dirigida pelos padres franciscanos, que usam hábitos marrons e san-dálias. Fora da Igreja, as confissões, na época, eram feitas por muitos sacerdotes que se posicionavam em cadeiras espalhadas, com a indicação de seus idiomas. Sacerdotes provenientes de vários países ajudavam nas numerosas confissões aos peregrinos.

Paróquia de São Tiago

O encontro com Jesus...

A Missa, acompanhada de lindos cânticos, era rezada em croata, mas as pessoas rezavam em seus idiomas. Na hora da Consagração, comecei a chorar copiosamente. Senti muito forte a presença de Jesus e chorei, pedindo perdão por meus pecados pelos pecados de todos. As lágrimas não paravam de escorrer. Era a primeira vez que isso me acontecia. Senti como nunca antes, a imensidão do Amor de Jesus por nós e como não reconhecemos isso verdadeiramente com o coração.

— *"Se soubesses quanto os Amo, choraríeis de alegria!"*, disse-nos Nossa Senhora, em uma de suas mensagens.

Na comunhão, novamente senti-me tomada por aquela comoção de lágrimas. Meu coração batia acelerado e, na fila da comunhão, eu soluçava, pedindo a Jesus perdão... e agradecendo Seu Amor!

Após a Missa, rezamos mais um terço, os Mistérios Gloriosos, e depois o ônibus nos levou para nossos alojamentos.

A família que nos hospedou era muito simpática e nos preparou uma mesa farta, com pratos caseiros mas saborosos, um vinho caseiro fabricado na região.

Após o jejum que havíamos feito durante todo o dia, jantamos, conversando em italiano. Às 21 horas retornei à Igreja de Medjugorje, para a adoração ao Santíssimo. Décio ficou no alojamento com a maioria do grupo.

O que presenciei na Igreja foi incrível. Como Jesus querido é amado naquele lugar! Após o dia inteiro de oração, a Igreja estava lotada à noite. Ficará para sempre em minha lembrança aquela Hora Santa.

O padre Slavko começou as orações, rezando em croata; eu não compreendia nada, mas acompanhava fazendo minhas preces espontâneas. Pe. Slavko levantou o grande Ostensório e assim ficou durante quase duas horas. Orações calmas, penso que suas palavras deveriam ser lindas, pois as pessoas em silêncio ouviam, ora ajoelhadas ora de pé, rezavam e cantavam cânticos calmos, acompanhados por uma flauta doce e uma harpa celestial. A devoção e o respeito eram imensos, o silêncio, a paz dos semblantes... uma verdadeira Adoração ao Santíssimo Sacramento, que durou duas horas. Não senti cansaço nem o tempo passar. Impressionei-me com o Pe. Slavko, o tempo todo com os braços erguidos, elevando ao céu o Ostensório. Pensava: deve estar doendo seu braço, ou adormecido ou com cãibras, mas ele só os abaixava quando se ajoelhava por alguns minutos. Retornamos ao nosso alojamento onde Décio me aguardava.

O milagre do sol

No dia seguinte, fomos à casa de Jelena, uma linda jovem de 15 anos, que tem locuções interiores e «vê» Nossa Senhora com o coração. Ela entrou em nosso ônibus e nos falou das mensagens de Nossa Senhora. Falou-nos em língua italiana, sem sotaque, um italiano bem pronunciado, como se ela tivesse nascido e vivesse no norte da Itália. Seu semblante irradiava uma enorme paz e serenidade. Impressionou a todos por sua beleza, calma e segurança. Convidou-nos a conhecer e experimentar os vinhos que sua família fazia. A casa era simples, tinha em sua entrada uma parreira carregada de cachos de uva. Num cômodo estavam enormes barris de vinho. Décio comprou uma grapa e duas garrafas de vinho.

Fomos para o alojamento almoçar e, depois de um descanso, retornamos às 15 horas para a Igreja de Medjugorje, onde começariam os ofícios diários: oração de dois terços (Mistérios Gozosos e Dolorosos), a Santa Missa e depois os Mistérios Gloriosos do terço.

Fazia muito calor e a Igreja estava lotada. As pessoas se comprimiam em pé, mas não sentiam cansaço nem calor. Décio foi procurar um lugar lá na frente e eu fiquei de pé, próxima à porta principal.

Na praça, em frente da Igreja, muitas pessoas acompanhavam as orações do lado de fora, pois a Igreja estava lotada. Na hora da homilia (em croata), olhei para fora da Igreja e, para minha surpresa, vi as pessoas que estavam na praça em duas filas, voltadas para o sol, olhando para o céu. Saí da Igreja e minha primeira reação foi entrar na fila também, e só depois olhei para o céu e o que vi foi inacreditável: o sol estava vermelho e pulsava, girando sobre si mesmo, emitindo raios circulares sobre nós. Era lindo! Quase não acreditei! Saí da fila e corri chamar o Décio que estava na Igreja, com a filmadora. Quando o encontrei (ainda durante a homilia), chamei-o e saímos para a praça, mas a fila de pessoas estava se desmanchando e o sol estava em sua cor amarela e em seu jeito normal. Retornamos à Igreja.

À noite, no alojamento, durante o jantar, comentávamos sobre esses acontecimentos e falávamos de nossas idéias sobre Medjugorje. Eu disse ao pessoal que tinha ido a Medjugorje buscar Nossa Senhora e acabei encontrando Jesus. Foi a presença de Jesus que senti muito forte na Eucaristia, durante a Consagração e a Comunhão.

Alguém me respondeu que o objetivo da Mãe é levar-nos a seu Filho e que Nossa Senhora mostrou-me Jesus, deu-me Jesus. Não poderia haver graça maior... Fiquei feliz com essa explicação e entendi por que chorei na Consagração e na Comunhão. Foi um encontro verdadeiro com Jesus, com Seu imenso Amor! Jesus manifestou-me Seu incomensurável Amor!

O encontro com Vicka... a graça alcançada!

No dia seguinte, domingo, partiríamos ao meio-dia para Split, seria então nosso último dia em Medjugorje. Bem cedinho, fomos ao Povbro, montanha da primeira aparição, menor que o Krizevak, também cheio de pedras e com muitas cruzes de madeira colocadas pelos peregrinos. Fizemos nossas orações pessoais e a guia e o Sacerdote nos explicaram que ali muitos Padres Franciscanos, no passado, foram sacrificados pelos mouros. Foram empalados, espetados com mastros e erguidos, onde ficavam sangrando até morrer. Foi depois da hedionda 2ª guerra mundial que os franciscanos reconstruíram suas igrejas, inclusive a da Paróquia de São Tiago em Medjugorje, e a grande Cruz do Krizevak. Comecei a entender por que Nossa Senhora escolheu esse lugar...

Aos pés do Podbrdo, ficava a casa de Vicka, uma das jovens que tem as aparições diárias de Nossa Senhora e para lá nos dirigimos, pois ela iria receber-nos e falar das mensagens de Nossa Senhora.

Na época, ela estava doente, com um tumor no cérebro, com dores fortíssimas que a deixavam em coma até. Ela se ofereceu pela conversão dos pecadores e diziam que todos os que falavam com ela se convertiam...

Sua casa simples também tinha na entrada uma parreira de uva e ela falou-nos da escada, no idioma italiano, sobre as aparições, como tudo começou, sobre as mensagens de Nossa Senhora: *o pedido das orações do Rosário, do jejum, da necessidade de participarmos da Santa Eucaristia, da Confissão e da leitura diária da Palavra de Deus.* Pediu-nos para rezar o Rosário em família, pois assim o mal nem se aproximaria de nossos lares. Em cada casa deve haver um lugar para Deus, como um pequeno altar, com a Bíblia e a Cruz.

Nossa Senhora nos pede orações pela paz, pela conversão dos homens, por suas intenções, para que seus planos se realizem. Vicka falou-nos da visão que teve do Céu, do purgatório e do inferno. Nossa Senhora levou-a, juntamente com Jakov, para conhecer «esses lugares».

No céu, ela disse que as pessoas eram muito felizes, vestiam-se com túnicas de três cores, louvavam a Deus e eram muito bonitas, jovens, e irradiavam paz. Era um lugar de muita luz e felicidade. No purgatório, as pessoas sofriam muito, precisavam de nossas orações, era um lugar cinzento, com muita névoa. No inferno, as pessoas blasfemavam contra Deus, havia fogo e quando as pessoas passavam pelo fogo, se transformavam em bestas horrendas. Ali estavam as pessoas que voluntariamente não quiseram Deus.

Depois Vicka rezou conosco e se despediu. Décio desejou-lhe saúde e ela, sorridente, retribuiu dizendo-lhe: *"Anche per voi"*.

Fomos todos para a Igreja, onde seria celebrada uma Missa em italiano, nossa despedida de Medjugorje, e Vicka também foi. Na Igreja, perdi o Décio de vista.

Após a Missa, fomos com nosso grupo até a praça, onde rezamos o terço. De repente, aparece meu marido, com uma fisionomia séria, dizendo-me: *"É verdade, a Vicka realmente vê Nossa Senhora..."*

Perguntei-lhe: *Por que você está dizendo isso? Você não acreditava? Por onde você andou que não o encontrei?* E ele respondeu-me: *"Não, não acreditava, mas depois de ter visto a Vicka, segui-a até a igreja e fiquei ao lado dela o tempo todo, como que hipnotizado... vi-a comungar e, naquele instante, senti que era tudo verdade, ela vê e fala com Nossa Senhora".*

Uma grande alegria invadiu-nos, estávamos muitíssimo felizes, algo divino, indescritível... Fomos para o ônibus, sorridentes, alegres e em paz!

Adeus, Medjugorje, obrigada, Maria, Rainha da Paz e de nossos corações, por tamanha felicidade!

Retornando a Roma... um lindo presente

No ônibus, a caminho de Split, fomos rezando, cantando e contando nossas experiências de Medjugorje.

Um fato que me impressionou foi o relato de uma freira, Soror Cristina, que residia em Boston, Estados Unidos, e estava indo pela 2ª ou 3ª vez a Medjugorje, para agradecer três graças alcançadas. Ela contou-nos que possuía uma doença chamada neurofibromatose, com múltiplos tumores pelo corpo, quando foi a Medjugorje pela primeira vez. Quando retornou, a cirurgia marcada para retirada dos tumores não foi necessária, pois eles haviam desaparecido inexplicavelmente. Também sofrera um grave acidente de carro do qual saiu ilesa, juntamente com o retrato de Nossa Senhora que estava no vidro do carro. Por fim, o terço que ela havia trazido de Medjugorje, certo dia, quando rezava, viu que havia se transformado em ouro. Depois de analisado por peritos, verificou-se tratar de ouro puríssimo, nunca encontrado na face da terra. Está no Vaticano, no processo de autenticidade das aparições de Medjugorje, do qual ela está sendo testemunha.

Achei incrível tudo o que lhe aconteceu e, quando paramos para almoçar, disse-lhe que seu terço havia se transformado em ouro, porque talvez Nossa Senhora considerasse que suas orações fossem tão preciosas quanto o ouro... Ela gostou de ouvir-me e me presenteou com dois terços que haviam sido abençoados por Nossa Senhora no momento da aparição, um para mim e outro para meu marido.

Fiquei muito feliz, imaginem, rezar com um terço abençoado por Nossa Senhora! O que parecia inatingível, estava agora em nossas mãos!

O Milagre Eucarístico de Lanciano

Em Split, um grande navio nos levou durante a noite de volta à Itália. Ao amanhecer chegamos a Pescara e dali rumamos para Lanciano, cidade onde se deu, no século XIII, o Milagre Eucarístico.

Naquela ocasião, um sacerdote passava por um período de dúvidas quanto à presença de Cristo na Eucaristia. Pediu a Deus que o libertasse daquelas incertezas. Certa manhã, quando celebrava a Eucaristia, no momento da Consagração, deu-se um milagre: a Hóstia tornou-se carne enquanto o Vinho tomava o aspecto de sangue. Sangue que logo se coagulou e dividiu-se em cinco grumos de formas e tamanhos diferentes. O sacerdote, espantado, exclamou ao povo: *"Ó felizes testemunhas, às quais Deus bendito, para me livrar da dúvida, decidiu revelar-se a si mesmo no Santíssimo Sacramento do altar e tornar-se assim visível aos nossos olhos! Venham, irmãos, e vejam como Deus está tão perto de nós. Eis o Corpo e o Sangue de nosso adorado Salvador!"*

O povo, maravilhado pelo milagre, começou a rezar, a pedir perdão e a chorar, invocando misericórdia. Esse fato aconteceu há 700 anos, antes de 1290, e até hoje as relíquias se mantêm intactas: a carne, guardada entre dois cristais, tem a forma de hóstia redonda, com seis centímetros de diâmetro, mais grossa nas bordas do que no centro, onde há um pequeno espaço vazio. No meio, vêem-se algumas manchas brancas de finíssima espessura, restos das primitivas espécies de pão. A carne, de cor castanho-escuro, torna-se rosada quando se coloca uma luz por trás do relicário. O sangue, conservado num cálice de cristal, mostra uma cor vermelho-escuro e é formado por cinco coágulos, separados entre si, com um peso total de quinze gramas e oitenta e cinco miligramas.

Em 1970, com licença da Santa Sé, o arcebispo de Lanciano concedeu ao Dr. Oduardo Linoti, professor de anatomia, histologia patológica e microscopia, autorização para proceder ao exame científico das sagradas relíquias. Com uma tesoura, foram cortados uns pequeníssimos pedaços da carne e do sangue coagulado, que foram levados para os laboratórios da Faculdade de Medicina da Universidade de Siena. Os resultados, dois meses depois, foram surpreendentes:

- A carne é verdadeira carne, e o sangue é verdadeiro sangue.
- A carne é constituída por um tecido muscular do coração (miocárdio). Portanto, a carne que se conserva no relicário é carne de coração.
- A carne e o sangue são do tipo humano.
- A carne e o sangue têm o mesmo grupo sangüíneo AB, bastante comum entre os judeus, e apresenta a mesma composição do sangue recolhido no Santo Sudário.
- No sangue foram encontradas proteínas na mesma proporção em que se encontram nas análises soroprotéicas de sangue fresco. Portanto, é idêntico ao sangue tirado de um corpo humano naquele mesmo dia.
- No sangue encontraram-se os seguintes minerais: cloreto, fósforo, magnésio, potássio, sódio e cálcio.
- Nem na carne, nem no sangue se descobriram quaisquer preparados para os preservar da corrupção. São carne e sangue simples, naturais.

O fato de a carne e o sangue terem-se mantidos frescos durante tantos séculos, apesar de expostos à ação de agentes físicos, atmosféricos e biológicos, é um fenômeno excepcional e prodigioso, que não tem explicação natural.

O professor que chefiou a comissão médico-científica, depois de confrontar todos os resultados obtidos pelos grupos que tinham trabalhado separadamente, enviou ao Santuário um telegrama que dizia: *"E O VERBO SE FEZ CARNE"*.

O Papa João Paulo II, quando Cardeal de Cracóvia, foi pessoalmente em peregrinação a esse santuário e no livro de registro dos visitantes expressou assim sua devoção: *"Faze, Senhor, que sempre mais acreditemos em ti, esperemos e te amemos!"*.

Lanciano é uma prova palpável da verdade das palavras sacramentais: *"ISTO É MEU CORPO, ISTO É MEU SANGUE..."*

Esses relatos do Milagre Eucarístico de Lanciano que transcrevo aqui foram tirados do livro "Celebrem a Missa com o Coração", de Frei Slavko Barbaric.

Mais uma vez, a presença de Jesus na Eucaristia, como que finalizando nossa peregrinação a Medjugorje e confirmando minha impressão sobre a presença muito forte de Jesus. A Paz de Jesus estava em nossos corações! Despedimo-nos felizes do grupo que nos levara a Medjugorje.

3.

O RETORNO A CASA

Ficamos ainda uns dez dias, conhecendo outros lugares, viajando pelo sul da Itália, mas, por onde passávamos, rezávamos o terço todos os dias, com um desejo natural (como a fome e o sono) e assim nossa Paz era mantida!

Quando retornamos a casa, a saudade de nossos filhos era muito grande. Toda a família estava nos aguardando: meus irmãos, os irmãos do Décio, cunhadas, todos estavam nos esperando em nossa casa em Jundiaí.

A Paz em nossos corações parece que dobrou quando chegamos a casa, algo que quanto mais desejávamos às pessoas, mais crescia em nós...

À noite, antes de dormir, reunimos nossos quatro filhos na sala. Não tínhamos o hábito de rezar juntos, mas explicamos a eles que Nossa Senhora pedia que assim o fizéssemos, e rezamos juntos um Pai-nosso, uma Ave-Maria e um Glória, antes de dormir. Nos outros dias, antes de dormir, rezávamos com eles, aumentando gradativamente o número de Ave-Marias, até chegarmos, após uns dez dias, na oração do terço.

Assim fomos retomando nossos afazeres, sempre com aquela paz e serenidade que não nos deixavam.

Falar de Medjugorje com a própria vida

Eu queria falar de Medjugorje, mostrar a todos as fitas que filmei daquele lugar abençoado, mas infelizmente não pude aproveitar quase nada daquelas fitas. Pouca coisa ficou registrada devido ao problema que tive com a bateria da filmadora.

Senti, em meu coração, que Nossa Senhora desejava que vivêssemos Medjugorje! Deveríamos mostrar e falar de Medjugorje com nossa própria vida...

Eu havia trazido um livro em italiano que explicava as aparições e mensagens de Nossa Senhora Rainha da Paz. Levei-o ao Carmelo de São José, em Jundiaí, e minha grande amiga carmelita, Irmã Filomena (que hoje é priora do Carmelo fundado em Brasília), traduziu-o para o português. Tirei várias cópias daquela tradução e entreguei, juntamente com os terços que havia trazido de Medjugorje, a toda a nossa família, meus irmãos, cunhados e alguns amigos. Era a única coisa que podia transmitir a eles. Era preciso viver as mensagens, para depois falar delas...

Tudo parecia tão pequeno...

Todos os dias, após o jantar, desligávamos a televisão e, diante da pequena imagem que havíamos trazido de Medjugorje, rezávamos o terço em família. Era fácil, sem complicação, na maior docilidade.

A paz aumentava a cada dia e transparecia em nossos rostos. Estávamos sempre calmos, serenos, confiantes, sorridentes e felizes! Tenho saudade daquele tempo, quando tudo parecia tão pequeno...

Os problemas, as dificuldades, não tinham tanta importância. O desejo de rezar o terço, a paz eram maiores... Os problemas com trabalho pareciam tão pequenos! Nada nos abalava, parecia que eram nada... Encontrávamos soluções para todos eles, sem deixar de enfrentá-los, apresentando-os a Maria, na hora do terço.

Tenho saudade daquele tempo! Foram três anos de completa felicidade: parecíamos inatingíveis pelo mal, ninguém brigava, reinava muita paz e alegria em nosso lar.

Agora já não é mais assim, rezo sozinha e tenho saudade daquele tempo, mas espero e confio que ele volte novamente um dia!

Os frutos da oração diária do terço

Em 1989, comecei a trabalhar no Hospital Amec, onde meu marido Décio é médico pediatra e um dos sócios proprietários. Convidei as esposas dos outros sócios e juntas colocamos ordem na casa: o hospital foi ampliado, o movimento aumentou, fazíamos ali um trabalho bonito e em conjunto. Para vencer as barreiras e dificuldades, eu tinha a oração diária do terço em família e Nossa Senhora conduziu sempre tudo de bom que aconteceu. A obra era dela.

Alguns anos depois, conheci a Pastoral da Saúde e comecei a fazer um trabalho de evangelização no Hospital Amec: distribuía diariamente aos doentes internados pequenas orações e salmos, reflexões sobre o amor misericordioso de Jesus; coloquei no refeitório dos médicos uma liturgia diária e, no relógio de ponto dos funcionários, um painel com mensagens evangélicas, relacionadas com alguma data ou evento do calendário litúrgico. Mensagens de Medjugorje que eu recebia todos os meses do Secretariado Rainha da Paz de São Paulo, também colocava nesse painel.

O nome do Hospital AMEC (Assistência Médico-Cirúrgica) tornou-se para mim: *AME-Cristo!* Meu desejo era que Jesus Cristo fosse mais conhecido e amado...

Em 1995, fui convidada para ser a Coordenadora Diocesana da Pastoral da Saúde em Jundiaí. Formei uma equipe e iniciamos cursos de formação para os agentes da Pastoral da Saúde, em várias cidades de nossa Diocese. Essa também foi uma obra de Nossa Senhora Rainha da Paz, pois a Ela entreguei, de coração, todo o trabalho da Pastoral da Saúde. Ela nunca me desamparou e esteve comigo sempre; a Ela todo o mérito e louvor pelos trabalhos que pude realizar!

Mas, infelizmente, as orações diárias em família não puderam continuar, quando meus filhos tiveram de cursar faculdade em outras cidades.

Quando as orações diárias começaram a falhar...

Em julho de 1995, viajamos novamente para a Europa. Havíamos programado nova viagem a Medjugorje, com a mesma agência que nos levou da primeira vez, em Roma. Mas, infelizmente, já na Itália, recebi a notícia de que a excursão havia sido cancelada devido à guerra hedionda que se travava na antiga Iugoslávia. Não pudemos ir a Medjugorje e fiquei muito triste.

Os problemas começaram a tomar proporções maiores no segundo semestre de 1995, quando o Hospital Amec ficou seis meses sem receber do SUS, devido a uma falta de recadastramento, com o extravio de documentos.

Senti grande tristeza em meu coração, quando os problemas com o hospital se acentuaram, pois, quando falta dinheiro, parece que o mundo desmorona e as brigas aumentam. Mas felizmente, com grande confiança na proteção materna de Nossa Senhora, pudemos resolver tudo e conseguimos sair daquela crise inesperada.

No dia 2 de fevereiro de 1996, celebramos na Catedral de Jundiaí o casamento de nossa filha primogênita, Ana Paula, com o Marcos. Foi um momento inesquecível, quando ambos receberam o Sacramento que os unia para sempre. Mais uma vez, a presença amorosa de Maria Santíssima, sempre a meu lado, permitiu que tudo corresse bem. Eu sabia que também isso era obra sua!

Mas meu coração não estava feliz, pois fui me distanciando das orações e perdendo minha paz!

As atividades com a Pastoral da Saúde consumiam todo o meu tempo disponível e já não sobrava espaço para minhas orações diárias.

Sentia saudade do tempo em que tudo era tão pequeno e desejava ardentemente retornar a Medjugorje, em busca da paz perdida!

Comecei a participar de um grupo do terço, que se reunia duas vezes por semana, cada vez em uma casa, e assim, as orações não foram interrompidas totalmente em minha família. Esse grupo me fortalecia a mim e a minha família.

4.
Nossa segunda viagem a Medjugorje

O hospital Amec recebeu parte do dinheiro atrasado e, em setembro de 1996, fomos novamente à Europa e a mesma agência de Roma (Sra. Lili) finalmente pôde levar-nos a Medjugorje. A guerra já havia terminado.

Eu buscava ansiosamente aquela paz recebida da primeira vez e queria sentir a alegria de poder rezar novamente o terço diário em família. Queria provar novamente um pedacinho do Céu e voltar para casa como da primeira vez!

Dessa vez, partimos do porto de Ancona (Itália), juntamente com um grupo de italianos. Quando o grande navio chegou a Split, mal contive as lágrimas de emoção e foi assim até chegarmos a Medjugorje. Na estrada, pude ver os horrores que a guerra havia deixado: casas destruídas, queimadas, e isso aumentava meu sofrimento e remorso: Nossa Senhora Rainha da Paz pedia que rezássemos pela paz, mas nós não o fizemos o bastante, por isso, aquela guerra destruidora...

Em Medjugorje, ficamos hospedados num hotel. Estava muito diferente, haviam crescido o comércio, o vilarejo e o número de peregrinos.

Como da primeira vez, participamos durante quatro dias dos ofícios da Paróquia: oração do Rosário, Santa Missa e Adoração ao Santíssimo. Também fomos ao Krizevak e conhecemos o Cenáculo da Irmã Elvira, local que abriga jovens dependentes químicos para recuperação. Nossa Senhora abençoava aquele lugar e os estava ajudando a ficarem curados. Também fomos à casa de Mirjana, jovem que tem as aparições de Nossa Senhora, e pudemos ouvi-la falar das mensagens. Ela era muito bonita, mas estava triste porque havia perdido recentemente um bebê, no início de sua gravidez. Senti que também os jovens escolhidos por Nossa Senhora não estavam livres de tribulações e sofrimentos. Pediu nossas orações pelos não crentes que, segundo Nossa Senhora, são aqueles que não conhecem o amor de Deus, e também pelos jovens.

Ao lado da Igreja de São Tiago, foram construídos vários confessionários de madeira, onde Sacerdotes, em vários idiomas, atendiam os peregrinos em confissão. Estávamos eu e o Décio na fila para confessarmos, quando de repente olhei para o céu e vimos outro fenômeno do sol: o sol foi reduzindo seu tamanho natural, ficando do tamanho de uma meia-lua, que pulsava como as batidas de um coração. Em cima desse sol reduzido formou-se um círculo, como uma grande Hóstia, cercada de raios luminosos. Ficamos atônitos e começamos a rezar. Chegou minha vez de confessar e comentei com o sacerdote, que era brasileiro, o fenômeno que estava acontecendo no céu. Ele até saiu do confessionário para ver. As pessoas que estavam na praça ao redor da Igreja também viram, mas nem todas... algumas pareciam não se importar. Ficamos ainda um tempo apreciando o fenômeno e aos poucos o sol começou a voltar a seu tamanho natural. Não esperamos terminar, pois a Santa Missa estava começando no interior da Igreja, e para lá nos dirigimos.

No dia seguinte, partimos de Medjugorje, um pouco tristes, porque não estávamos sentindo aquela Paz e aquela alegria que experimentamos da primeira vez em que lá estivemos. Sentia em meu coração que Nossa Senhora estava me dizendo que a Paz foi-nos dada da primeira vez, como um Dom, gratuitamente, e que agora deveríamos conquistá-la aproximando-nos de Jesus que estava presente bem junto a nossas casas, em todas as Igrejas de nossa cidade de Jundiaí e em nossos corações.

Não era preciso viajar para Medjugorje para receber a Paz de Jesus, mas era preciso buscá-la sempre onde ela estava, no Sacramento da Eucaristia, na Comunhão, na Hóstia Consagrada... Senti também que Nossa Senhora pedia meu consentimento para o sofrimento...

No ônibus, de volta a Split, perguntei a algumas pessoas de nosso grupo se tinham visto o fenômeno do sol. Responderam que não, pois estavam no interior da Igreja, e explicamos o que vimos, desenhando em nosso livro a imagem que se mostrou no céu.

Embarcamos de Split à noitinha, no grande navio que nos levou durante a noite, de volta a Ancona. Olhava aquelas paisagens como se fosse pela última vez. Sentia que não voltaria tão cedo a Medjugorje e isso me entristecia...

De Ancona, seguimos para Loreto, onde visitamos a belíssima Igreja de Nossa Senhora de Loreto.

Chegamos a Roma à tarde, e a Sra. Lili convidou-me, juntamente com o Décio, para jantar em sua casa naquele mesmo dia. Não foi uma boa idéia, pois após aquele jantar, não passei muito bem e queria voltar o quanto antes para o Brasil, para nossa casa. Antecipamos a viagem e os motivos prefiro não relatar aqui. Nossos filhos ficaram apreensivos e preocupados com nosso retorno antecipado, talvez por isso não foram tão receptivos aos relatos sobre Medjugorje.

Retornando a casa, fui procurar meu Bispo D. Amaury Castanho (pois D. Roberto, por motivos de saúde, estava então como bispo Emérito), para contar-lhe sobre a viagem.

Retornamos a nossos afazeres e eu buscava a paz, procurando seguir as mensagens de Nossa Senhora: participando diariamente da Santa Missa, rezando o terço e adorando o Santíssimo Sacramento algumas vezes. Nessas ocasiões, minha alma se despedaçava, pois na Igreja estavam pouquíssimas pessoas em adoração. Que diferença de Medjugorje!

Os problemas com o hospital Amec se agravaram e vi nosso castelo de sonhos desmoronar! Preocupada com os problemas que procurava resolver no hospital, deixei de lado o lindo trabalho de evangelização e já não tinha tempo de distribuir mensagens aos doentes, de conversar com eles e ajudá-los.

Em meio a tantos dissabores, senti-me várias vezes desanimada e cansada de lutar, como se minhas orações não tivessem eco no céu, e sentia-me impotente diante de tanto mal. Estava constantemente com a pressão alta e, depois de duas crises, a *hipertensão arterial* instalou-se em minha vida para sempre e necessito de medicação diária para controlá-la, até o fim de meus dias...

Mas Maria Santíssima não abandona nunca seus filhos e veio nos visitar...

A Cruz de Krizevak

5.
A Mãe
que vem visitar seus filhos...

Em abril de 1998, Vicka esteve no Brasil com a Irmã Elvira, na cidade de Itapetininga, no orfanato do padre José Sometti, que abriga crianças abandonadas e, com ela, nossa Mãe amorosa. Tivemos a graça de estar lá e pudemos, pela primeira vez em nossas vidas, presenciar o momento da aparição de Nossa Senhora. Vivemos, naqueles dias, um pouquinho de Medjugorje e as boas lembranças se fortaleceram, dando-nos novo ânimo e esperança. Foi inesquecível, e a Paz retornou a nossos corações. Décio ficou feliz. Mas nem isso tornou possível as orações diárias em nossa família. Rezávamos juntos, de vez em quando.

Meu coração despedaçado...

Os anos que se seguiram foram muito difíceis. Deixei o grupo de oração e segui sozinha com minhas orações, na esperança de despertá-las novamente em minha família. As mensagens de Medjugorje, que eu recebia em quantidade, não tinha tempo para distribuí-las, e ficavam guardadas em casa. Rezava sozinha e, quando começava a rezar, as lágrimas escorriam copiosamente, pois as coisas não iam bem.

Meu irmão Cássio Roberto ficou muito doente e faleceu em 24 de setembro de 2000, com 48 anos de idade. Foi um grande sofrimento para mim e chorei durante muito tempo. O milagre de sua cura não veio... Sentia-me culpada por não ter cuidado dele melhor, com mais carinho e atenção. Eu estava ocupada com muitos afazeres, o hospital Amec, a Pastoral da Saúde e a campanha política do Décio, que resolveu sair candidato a vice-prefeito, na cidade de Várzea Paulista.

Já não tinha tempo para rezar diariamente... Com a morte de meu irmão e a derrota nas eleições, senti um imenso vazio e vontade de largar tudo. Não sabia o que Deus queria para mim e a impotência diante do mal fez-me retornar ao porto seguro, aos braços de Maria Santíssima. Apeguei-me novamente às mensagens de Medjugorje e às orações diárias.

Mas era preciso mais tranqüilidade, tempo para rezar, diminuir minhas atividades diárias e aumentar minhas orações.

Em janeiro de 2001, entreguei meu cargo de coordenadora da Pastoral da Saúde a meu Bispo, mas, a seu pedido, continuei na equipe, como responsável pelos cursos de formação dos agentes de pastoral.

Retomei as orações diárias, mas não pude conter as lágrimas que ainda hoje escorrem copiosamente quando começo a rezar. Depois meu coração se acalma e sinto uma grande paz! Choro pelos pecados de todos, pedindo a Jesus perdão e a intercessão de Maria. Se minhas lágrimas puderem salvar alguém, choraria o tempo todo, não me importo de derramá-las. Os céus hão de vê-las e acolhê-las, tenho certeza...

Quando senti, depois da segunda viagem a Medjugorje, que o sofrimento me acompanharia, aceitei oferecê-lo com amor. Penso que as lágrimas brotam de uma oração de súplica. Nossa Senhora também chora por nós, muitas vezes!

Recrutando voluntários para o exército de Maria Santíssima

Dia 11 de setembro de 2001: um grave atentado nos Estados Unidos tira a vida de muitas pessoas inocentes. Terrorismo e ameaça de guerra! Meu coração está angustiado, apreensivo pelo que possa acontecer! Não posso fazer nada, a não ser rezar, mas somente minhas orações não são suficientes. Podem acalmar meu coração, que bate aceleradíssimo, descompassado e inquieto, mas não são suficientes para evitar uma guerra! É preciso chamar outras pessoas, muitíssimas pessoas, convidá-las a rezar o terço pela paz entre as nações. A oração do terço é arma poderosa para que a paz seja restabelecida. É o que nos pede Nossa Senhora em Fátima e agora em Medjugorje:

— *«Paz, Paz, Paz! Rezem pela Paz! Rezem juntos com sua Mãe pela Paz! Obrigada por terem correspondido a meu apelo» (14/09/2001).*

Diante desses pensamentos, comecei num gesto improvisado a fazer um convite às pessoas: «*Estou recrutando voluntários para a guerra, mas o exército é de Maria Santíssima e a arma que ela dá é mais poderosa que a bomba atômica, pois é a oração do terço. Você aceita ser um voluntário desse exército e rezar pela paz?*». Alguns riem, acham engraçado. Outros escutam com seriedade; estes são os mais simples, os mais pobres. A idéia começou a tomar forma e, no dia 13 de setembro de 2001, comecei a fazer este convite aos doentes do hospital Amec. À noite, liguei para o Dimas, um amigo do Secretariado Rainha da Paz em São Paulo, para perguntar sua opinião a respeito e ele deu-me uma grande notícia: a Vicka, vidente de Medjugorje, que desde 1981 até os dias de hoje tem as aparições diárias de Nossa Senhora, estava no Brasil! Fiquei muito feliz. Dimas convidou-me para ir no dia seguinte a Itapetininga, cidade do interior de São Paulo, onde Vicka estaria num retiro espiritual.

Vicka estava no Brasil (2001)...

No dia seguinte, sábado bem cedinho, telefonei para a Associação Rainha da Paz em Itapetininga, perguntando se eu poderia ir até lá e prontamente me deram o endereço. Fui em meu carro sozinha, mas feliz e emocionada, pois sabia que teria um encontro especial, pois a Vicka tem ainda as aparições diárias de Nossa Senhora.

Fui rezando o terço durante a viagem e dizendo: *«De onde me vem a graça que a Mãe de meu Senhor me visite?»* Cheguei às 13 horas e fui logo convidada para almoçar. Havia lá muitas crianças e poucos adultos (mais ou menos uns 30). Informaram-me que a Vicka estava descansando e que às 15 horas iriam todos para Boituva, uma cidade próxima, onde visitariam uma clínica de recuperação de dependentes químicos, também do Pe. José Sometti. Fiquei aguardando esse momento e algumas senhoras me convidaram para conhecer a capela e as dependências da Associação. Fui com elas.

O lugar, que conheci em 1998, por ocasião da visita de Vicka ao Brasil, estava bem diferente. Havia muitos prédios novos, escola, ginásio de esportes, piscina e campos de futebol. O local que conheci na fundação estava agora muito bonito e bem cuidado! As obras de Maria Santíssima sempre dão muitos frutos e crescem como um fermento.

A capela continuava a mesma. É preciso tirar os sapatos para lá entrar. Há uma parede de vidro ao fundo que dá para uma área verde muito bonita. O ambiente é de muita paz. Rezei um pouco ali, agradecendo a Nossa Senhora por ter vindo nos visitar. Retornei ao restaurante e sentei-me em uma mesa sozinha. Próximo estava um grupo de pessoas e acabei me apresentando a elas. Logo, um rapaz que é croata, mas reside em São Paulo, o Miro, sua esposa e seu tio Marijan convidaram-me para ir à capela rezar. Eu acabara de voltar da capela, mas não recusei o convite.

O encontro com Vicka

Fui com eles e o Sr. Marijan pediu que falassem em português, senão eu ficaria triste. Quando chegamos à capela, eles rezaram em croata a Ave-Maria, o Pai-nosso e o Glória. Eu os acompanhei em português.

Saímos da capela e vi que estavam cumprimentando duas moças jovens e sorridentes, e se abraçavam falando em croata. Era a Vicka e sua amiga! Ela cumprimentou-me também e eu disse que era brasileira. A Vicka conversava com eles falando em croata, sobre sua viagem que coincidiu com os ataques terroristas de 11 de setembro. O aeroporto na Alemanha estava agitado e muitos americanos foram impedidos de voltar para os Estados Unidos.

Em dado momento, quando a conversa se acalmou, eu perguntei ao Miro se a Vicka poderia me abençoar. O Miro traduziu e ela prontamente colocou suas mãos em minha cabeça, rezando sobre mim longo tempo.

Senti uma forte emoção pela oportunidade que eu estava tendo: Vicka de Medjugorje rezando sobre mim! Quase chorei de alegria! Fiquei de olhos fechados e senti uma grande paz invadir minha alma. Tenho certeza de que ela me desejou coisas boas somente. Quando ela terminou, dei-lhe um abraço e lhe disse muito obrigada. As pessoas de São Paulo, o Miro, sua esposa e seu tio Marijan começaram a cantar em croata o hino de Medjugorje, juntamente com a Vicka e sua amiga, ali mesmo, na porta da capela. Acompanhei o canto que eu conhecia, cantando-o em português. Vicka gostou...:

«Senhora da paz bendita
Acolhei no vosso manto
Vossos filhos que na vida
Por pecarem sofrem tanto.
Virgem Santa Imaculada
Sede a nossa paz na vida
Sois filha de Deus amada
Nós os vossos, Mãe querida...»

Depois, continuaram a conversar em croata. Pedi ao Miro que perguntasse a Vicka sobre a necessidade de rezar e convidar as pessoas a rezarem o terço pela paz, para que a guerra não acontecesse. Vicka respondeu que era importante, que Nossa

Senhora pedia nossas orações, não só pela paz, mas por nossa conversão e por seus planos. Pe. José Sometti chegou até nós e o cumprimentei pela expansão da Associação Rainha da Paz. Disse-me que era obra de Maria Santíssima.

O encontro com Nossa Senhora

Fomos para o carro, em direção a Boituva, na casa Vida Nova, onde cuidavam da recuperação de dependentes químicos. Quando cheguei, meu carro atolou no barro e quatro homens me ajudaram, levantando o carro para que desatolasse. O terço já havia começado. Encontrei o Pe. Eugênio, de São Paulo, que estava acompanhando a Vicka, e o seminarista José Maria, que me entregaram o roteiro de Vicka em São Paulo, na semana seguinte. Pedi orações para meu Bispo, D. Amaury Castanho.

O lugar era simples: o altar foi arrumado na varanda da casa e cadeiras foram dispostas ao longo do gramado. Após a oração de dois terços (mistérios Gozosos e Dolorosos), iniciou-se a Santa

Vicka no Brasil, Durante uma aparição em setembro/2001

Missa. Momentos de grande emoção, cânticos simples, mas cantados com o coração. Poucas pessoas, algo muito íntimo e especial. Após a Missa, fizemos a recitação de outro terço, os mistérios Gloriosos. A Vicka começou a falar das mensagens de Nossa Senhora Rainha da Paz. Aproximava-se a hora de sua aparição e começamos a rezar novamente. Em dado momento, Vicka ajoelhou-se diante da pequenina imagem e, com o semblante cheio de luz, conversava com Nossa Senhora, que estava ali. Eu mal podia respirar, de tanta emoção! Abri meu coração para minha Mãezinha querida, recomendando-lhe toda a minha família, cujas fotos estavam em minhas mãos... Foi um momento longo, mais ou menos vinte minutos. Fiquei muito feliz e uma paz imensa invadiu todo o meu ser! Vicka rezou mais um pouco conosco e relatou-nos que Nossa Senhora estava feliz, abençoou-nos e rezou com as mãos estendidas sobre nós todos presentes ali, numa língua que ela não compreendia e achava que era a linguagem do céu. Nossa Senhora pediu que rezássemos pelo Papa, pelos Bispos, pelos Sacerdotes, pelas vocações, pelos jovens e principalmente pelas intenções de Nossa Senhora, para que seu plano possa se realizar. Saí daquele local às 19h30min e um carro guiou-me até a estrada, de onde segui para Jundiaí.

Fiz uma viagem alegre, cantando o tempo todo. Cheguei em casa às 21 horas, numa grande Paz, como da primeira vez em que estive em Medjugorje! Décio, meu marido, sentiu essa paz que me contagiava e disse que no dia seguinte iria comigo para Itapetininga. Não tive vontade de ver televisão, novela, mas queria rezar...

O reencontro com Vicka e com Nossa Senhora

No domingo, após a visita no hospital Amec, Décio pegou-me em casa e fomos novamente para Itapetininga, onde chegamos às 14 horas. Havia muitas pessoas, pois era o aniversário da entidade Associação Rainha da Paz e o local estava em festa. O local da celebração da Eucaristia era o mesmo de 1998: um grande salão que em breve, penso, será uma linda igreja. Guardei dois lugares, um para mim e outro para o Décio, e fui procurar o pessoal de Jundiaí, minha amiga do grupo de oração, a Marília, sua mãe, sua irmã e outras pessoas.

Conheci a Iracelita, do Secretariado Rainha da Paz de Belo Horizonte, que ficou com meu endereço para mandar-me seus jornais "Anunciando Medjugorje".

O local foi logo ficando cheio de pessoas e quando retornamos a nossos lugares, vi que o povo havia tomado nosso espaço. Peguei nossas cadeiras e coloquei-as lá na frente, ao lado do conjunto que estava tocando, do lado esquerdo do altar. Estava na hora de começarem as orações, às 15h30min.

Para minha alegria, Vicka chegou e sentou-se a meu lado, juntamente com sua amiga. Ela cumprimentou-me, penso que me reconheceu do dia anterior, e eu apresentei-lhe o Décio, meu marido. Começamos a rezar o terço, que ela rezava em croata, com um semblante irradiando sorrisos e paz! Décio começou a chorar de emoção. Era inacreditável o momento e a oportunidade que estávamos tendo: a Vicka, bem a nosso lado, durante longas horas rezando conosco. Senti que era um grande presente de Nossa Senhora para nós. Após a recitação dos mistérios Gozosos e Dolorosos, iniciou-se a Santa Missa, presidida por Pe. José Sometti, Pe. Eugênio e outros.

As crianças da Associação estavam lá também e uma bem pequenina pediu meu colo! Durante o abraço da paz pude abraçar Vicka novamente, com muita alegria. Após a Santa Missa rezamos os sete Pai-nossos, sete Ave-Marias, sete Glórias e o Credo. Depois, outro terço, os mistérios Gloriosos.

É incrível o amor com que todos rezam, até mesmo as pequenas crianças, sem cansaço ou qualquer mal-estar, como em Medjugorje, orações intercaladas por lindos cânticos, não se sente o tempo passar e reza-se com alegria! Como eu gostaria de que em todas as Igrejas, na minha Paróquia, também fosse assim... Às 18h40min, Vicka dirige-se para a linda e grande imagem de Nossa Senhora, colocada ao lado direito do altar, e começa a rezar. De repente, subitamente, ajoelha-se, inicia-se a aparição de Nossa Senhora. Todos se ajoelham e ficam em absoluto silêncio. Os sacerdotes também se ajoelham ao lado de Vicka. Ela fala somente com os lábios, não se escuta o som de sua voz. Também gesticula com as mãos cruzadas, como em oração. Seu olhar é fixo acima da imagem de Nossa Senhora. Prendo a respiração, até! É inacreditável aquele momento, poder presenciar, tão próximo, a aparição de Nossa Senhora! Choro de emoção! Meu coração bate mais forte e uma profunda Paz toma conta de todo o meu ser.

No sábado, durante a aparição, eu já havia rezado por toda a minha família e amigos. As fotos de todos estavam novamente em minhas mãos. Não quis repetir os mesmos pedidos que fizera no dia anterior, pois sabia que Nossa Senhora já os havia escutado. Pedi então por meu Bispo D. Amaury, que estava comemorando seu Jubileu, por minha Diocese, pela Pastoral da Saúde, pelo Clero e por toda a Igreja, especialmente pela saúde do Santo Padre. Às 19 horas, Vicka se levanta e reza conosco a Ave-Maria, o Pai-nosso e o Glória. Depois nos relata o que disse Nossa Senhora: disse que conversaram sobre assuntos privados, que Nossa Senhora nos abençoou e rezou com as mãos estendidas sobre todos nós, numa língua que ela não entende. Disse que Nossa Senhora nos pede orações para que seu plano se realize! Pede que rezemos pelos jovens, especialmente nestes tempos, pois os jovens são mais vulneráveis e satanás destrói as famílias e entra nelas, muitas vezes pelos jovens. Pediu que rezássemos muito pela Igreja, pelo Papa, pelos Bispos, pelos Sacerdotes e pelas vocações. Nossa Senhora nos abençoa com a paz e nos pede que sejamos mensageiros e transmissores da paz! Realmente a paz que sentimos é maravilhosa e tudo na nossa vida parece não ter mais a importância que damos, o único desejo é rezar... rezar... rezar... Penso ser o Dom da oração. Quanto mais se reza, mais se tem fome de rezar, fome insaciável, natural, espontânea e fonte de paz!

Retornamos a casa, felizes por aquele dia abençoado: as forças foram restauradas, a fé e a esperança fortalecidas, a alegria e o amor imensos, a paz visível em nossos semblantes... Antes de dormir, rezei um terço, agradecendo por tudo! Fiquei triste quando soube que meus filhos não foram à Missa. Pedi perdão a Jesus por eles!

Meu coração repleto de Paz

No dia seguinte, acordo às 6h00, com os nomes de Jesus e de Maria nos lábios. Meu primeiro pensamento é para Eles. Rezo e, depois de preparar o café para minhas filhas, vou à Missa das 7h00 no Carmelo, próximo a minha casa. Choro no ato Penitencial, pois meus filhos não foram à Missa no Domingo, e suplico o perdão de Jesus para eles. Na Consagração e Comunhão também choro de alegria, por me sentir tão amada por Jesus. Choro por todos que não O descobriram como Deus de Amor!

Após a Missa, telefono para meu Bispo, D. Amaury, para contar-lhe sobre Itapetininga, a visita da Vicka. Convidei-o para conhecê-la em São Paulo, durante a semana, onde ela estaria, na Diocese de Santo Amaro, cujo Bispo é D. Fernando Figueiredo.

D. Amaury agradeceu o convite, mas teria já compromissos agendados com a comemoração de seu Jubileu, e perguntou-me se recebi seu convite para as solenidades do dia 07/10. Agradeci por ele ter-se lembrado de nós e disse-lhe que iria, sim.

Telefonei em seguida para nosso Bispo Emérito, D. Roberto Pinarelo de Almeida, para dar-lhe a mesma notícia. Ficou surpreso e feliz em saber que a Vicka estava no Brasil. Perguntou-me sobre as mensagens, se havia algo especial. Relatei-lhe o que a Vicka falou e ele ficou contente, agradecendo-me por ser mensageira de boas notícias. Convidei-o também para ver a Vicka em São Paulo, mas ele disse-me que não poderia, devido aos compromissos já assumidos. Abençoou-me e agradeceu, dizendo-me que continuasse a espalhar boas notícias...

Em seguida, vou para meu trabalho no Hospital Amec, ansiosa para contar a todos minha experiência do final de semana em Itapetininga. Não consegui trabalhar, pois só tinha o desejo de contar a todos o que havia presenciado e vivido no final de semana em

Itapetininga. Distribuí mensagens (boletins de Medjugorje) de Nossa Senhora aos doentes internados no hospital. Esqueci de tirar de meu carro as três caixas de documentos do hospital que havia levado.

O roubo de meu carro enquanto eu rezava...

Cheguei em casa às 18h00 e, após preparar o jantar, fui para a sala rezar o terço, pois às 18h40min, Nossa Senhora estaria aparecendo em algum lugar de meu Brasil, abençoando nosso povo... Meu filho Decinho e meu marido Décio chegaram logo depois, às 19h00, e me encontraram na sala com a vela acesa diante da imagem de Jesus e Maria (um pequeno altar que mantenho em casa para rezarmos), rezando o terço. Pouco depois de meu filho entrar em casa, escuto um barulho forte de batida de carro. Pensei em levantar para ver o que havia acontecido, se haviam batido em meu carro que estava estacionado na porta de casa, mas como estava rezando e logo depois ouvi um carro saindo, achei não ser nada e continuei rezando. Terminei minhas orações numa grande paz e felicidade! Às 19h20min, pedi a meu filho que fosse buscar sua irmã, Renata Cristina, e só então percebemos que meu carro não estava mais em frente de casa... Havia sido roubado! Foi aquele barulho que escutara. Fiquei aflita pelos documentos do Hospital Amec que estavam dentro do carro, mas supliquei a Nossa Senhora que mantivesse minha paz! Meu primeiro pensamento foi: *Não me importo de perder o carro (que não tinha seguro), mas não quero perder a paz...* Tivemos de ir à Delegacia de Polícia, para fazer o Boletim de Ocorrência, e procurei manter a calma e não deixar que esse episódio me roubasse a paz! Aquilo não vinha de Deus e era para roubar-me a paz! Não conseguiu! Fiquei triste pelos documentos que não me pertenciam e que estavam no carro. Senti em meu coração que não teria mais meu carro de volta, mas procurei afastar esses pensamentos, mantendo a imagem dos fatos ocorridos em Itapetininga na véspera. Fiquei sem entender o ocorrido, pensando que talvez na minha oração eu estivesse distraída, ou que ela protegeu-nos de um mal maior, como um assalto a mão armada! Foi por muito pouco que não vimos... ainda bem!

Vicka em São Paulo

Vicka, acompanhada do Pe. Eugênio, estaria em São Paulo, naquela semana, em várias paróquias da Diocese de Santo Amaro, para falar das mensagens de Nossa Senhora Rainha da Paz e rezar com nosso querido povo. Se eu tivesse meu carro, teria ido todos os dias, mas pude ir somente na quinta-feira, dia 20 de setembro de 2001, com minha amiga Marília e sua mãe. Chegamos à Igreja Sagrado Coração de Jesus, na Avenida Morumbi, às 14 horas, e logo depois, com a Igreja repleta de fiéis, Vicka iniciava conosco a recitação do Santo Rosário (Mistérios Gozosos e Dolorosos). Depois iniciou-se a Santa Missa, presidida pelo Pe. Eugênio e outros Sacerdotes.

Pe. Eugênio deu, em sua homilia, um belíssimo testemunho de sua vida, relatando-nos acontecimentos importantes sobre a intervenção de Maria Santíssima em seu Ministério Sacerdotal. Medjugorje também transformou sua vida e as obras que ele atualmente realiza são frutos de sua devoção à amorosa intervenção Materna. Depois da Missa, rezamos os Mistérios Gloriosos e Vicka, com seu semblante sempre sorridente e de uma paz imensa, nos falou carinhosamente sobre as mensagens de Nossa Senhora Rainha da Paz! Aproximava-se o horário da aparição de Nossa Senhora (18h 40min), e para minha alegria, isso aconteceu novamente diante de nossos olhos, ali mesmo no altar! Vicka aproximou-se da linda imagem de Nossa Senhora e começou a rezar conosco o Pai-nosso, Ave-Maria, Glória. Subitamente ajoelhou-se, com os olhos voltados acima da imagem, com as mãos em oração, com o semblante iluminado, movendo os lábios como quem está falando (mas não escutávamos o som de sua voz) e, acenando com sua cabeça, em concordância com algo que não podíamos ouvir! Nossa Senhora estava ali, conversando com aquele ser especial que Ela havia escolhido para transmitir ao mundo suas mensagens! Quanta emoção! Na Igreja, todos ajoelhados em absoluto e respeitoso silêncio, faziam sua preces à Mãe de Jesus Cristo, à Rainha da Paz e nossa Mãe querida! Ficamos longo tempo assim, em oração (penso que uns 20 minutos). Não tive coragem de Lhe pedir meu carro de volta... Rezei por meu Bispo D. Amaury e por toda a minha Igreja. Depois, Vicka rezou conosco e falou das mensagens de Nossa Senhora, relatando a mesma coisa que havia dito em Itapetininga: *devemos rezar diariamente o Santo Rosário, participar da Eucaristia, da Confissão mensal, ouvir a Palavra de Deus diariamente e praticar o jejum a pão e água, duas vezes por semana (às quartas e sextas-feiras).*

Após o encerramento daqueles momentos preciosos de oração, fiz chegar às mãos de Vicka (através do Sr. Marijan, que é croata e reside em São Paulo), um bilhete com o nome de meu Bispo D. Amaury Castanho, que estaria naquela mesma noite, às 21h00, no canal da Rede Vida de televisão, no programa "Tribuna Independente", em comemoração a seu Jubileu e respondendo a questões sobre a formação do Clero. Pedi a Vicka que rezasse por ele, recomendando-o a Nossa Senhora para que o abençoasse, bem como a toda a minha Diocese. Quando retornamos à casa, estávamos felizes, alegres, repletos de paz, com o coração cheio de amor...

Assistindo ao programa da Rede Vida, pude ver D. Amaury e senti um forte desejo de lhe fazer uma pergunta, então perguntei-lhe sobre a importância da oração diária do terço na vida dos Sacerdotes, dos Bispos, e de toda a Igreja.

Minha pergunta foi ao ar e D. Amaury me fez muitos elogios, respondendo que sempre tivera o terço presente em sua vida desde sua mocidade, e que Nossa Senhora, em Fátima, pedia a todos nós que o rezássemos diariamente.

Fiquei feliz, pois sinto que aquela pergunta que consegui fazer era, na verdade, um convite de Nossa Senhora para que todos rezassem o Santo Rosário...

6.

QUANDO O CORAÇÃO TRANSBORDA...

Os últimos acontecimentos encheram meu coração de júbilo e senti um chamado muito forte para divulgar as mensagens e os apelos de Nossa Senhora em Medjugorje.

Foi desse desejo que surgiu a idéia de escrever este livro. Não posso guardar só para mim as graças recebidas, pois elas estão à disposição de todos e é urgente que todos saibam disso. Já perdi muito tempo e lamento não ter entendido antes. Minhas orações não bastam. Todos devem rezar.

Meu coração transborda de tanto amor por todos e não consigo mais me calar... É preciso divulgar as mensagens e Nossa Senhora se encarregará de abrir os corações, para que as pessoas acolham e vivam suas mensagens! Rezo para que o Espírito Santo toque os corações e os transforme.

Sem saber como começar este livro, senti que deveria fazer duas coisas: *falar das mensagens de Nossa Senhora Rainha da Paz e dar um testemunho do que elas fizeram em minha vida.*

Vocês podem pensar, com meus relatos pessoais, que as coisas não andam muito bem para mim, mas não é verdade. Sou imensamente feliz e agradecida a Deus por tudo, pois as dificuldades e provações acompanham sempre os que são muito amados por Deus e se decidem por Ele.

O discípulo não é maior do que o Mestre. O próprio Jesus nos advertiu: *«No mundo tereis aflições! Coragem, eu venci o mundo!»*

Com Jesus e Maria Santíssima, enfrentaremos tudo com paz e serenidade!

O caminho materno que nos conduz a Jesus é: **fácil**, pela plenitude das graças de que Ela é cumulada; **perfeito**, porque foi através dela que Jesus chegou até nós; **seguro**, porque praticado pelos maiores santos e porque, em Maria, nada nos afasta de Seu Filho.

Ao lado de Maria Santíssima e sob sua proteção, estarei sempre perto de Jesus, do Espírito Santo, da Paz e do Amor de Deus!

7.

A SANTIFICAÇÃO DAS FAMÍLIAS

Nesses 22 anos de aparições, sinto grande alegria em meu coração, por todas as mensagens de Nossa Senhora Rainha da Paz, e por Sua presença amorosa em minha vida familiar. Percebo, pelos acontecimentos de Medjugorje, principalmente pelo fato de terem todos os videntes se casado e constituído família, que o centro das atenções de Nossa Senhora é a santidade de cada um, santidade esta que brota na família. Por isso Ela nos pede que rezemos muito pelos jovens e insiste na oração familiar.

Um fato importante que gostaria de acrescentar neste livro é uma belíssima tradição dos católicos croatas: eles ligaram indissociavelmente o casamento à Cruz de Cristo. Fundaram o casamento que dá a vida humana, sobre a Cruz que dá a vida divina. A tradição croata do casamento é tão bela que começa a fazer escola na Europa e na América: a Cruz evoca o amor, e o crucifixo é o tesouro da casa.

Quando os noivos se dirigem para a Igreja, levam consigo um Crucifixo. Esse Crucifixo é abençoado pelo Padre e, durante a troca de compromissos, reveste-se de central importância: a noiva pousa a mão direita sobre a Cruz; por sua vez, o noivo põe sua mão sobre a mão da noiva e as duas mãos ficam assim reunidas sobre a Cruz, fundadas sobre a Cruz. O Padre coloca a estola sobre as mãos dos noivos, que pronunciam então seus compromissos e prometem mútua fidelidade, segundo o rito da Igreja. Depois disso, os noivos beijam a Cruz. Eles sabem que beijam assim a fonte do amor. Depois da cerimônia, os noivos levam o Crucifixo e dão-lhe um lugar de honra na nova casa. Tornar-se-á o centro da oração familiar, porque têm a convicção de que a família nasceu dessa Cruz. Se sobrevém um problema, se há um conflito, é diante dessa Cruz que os esposos vêm encontrar socorro. Eles irão diante de seu Jesus, diante da Cruz. Ajoelharão, e, diante de Jesus, derramarão suas lágrimas, chorarão seu sofrimento e, sobretudo, trocarão seu perdão. Não adormecem com o coração pesado, porque recorreram a seu Jesus, ao Único que tem o poder de salvar.

Eles ensinarão os filhos a abraçar a cruz de cada dia e a não se deitarem como pagãos, sem ter agradecido a Jesus. Para as crianças, Jesus é o amigo da família que se respeita e se ama. Essas crianças não recebem ursinhos para abraçar durante a noite para se sentirem em segurança. Mas dizem «boa noite» a Jesus e beijam a Cruz. Adormecem com Jesus, sabem que Jesus os guarda em Seus braços e que nada têm a temer. Seus medos extinguem-se no beijo dado a Jesus.

8.
O PLANO DE NOSSA SENHORA

Após 22 anos de aparições e mensagens em Medjugorje, sinto necessidade de abrandar toda minha atividade presente para dar mais tempo à oração, e reler as mensagens. Preciso me convencer de que: *Nossa Senhora tem um plano e pede nossas orações para que esse plano se realize!*

Vicka nos diz que Nossa Senhora nos pede isto: «*Não devo portanto, rezar pelos meus planos, para que isso ou aquilo dê certo em minha vida e em minhas atividades. Muitas pessoas fazem seu próprio plano, fabricam seu projeto, se envolvem com muitas coisas e dizem: 'Façamos isso por Nossa Senhora, façamos aquilo por Ela'. Mas isso não serve para nada e o que decidem estas pessoas não está nos planos de Nossa Senhora.*

Devemos, antes de tudo, rezar mais e escutar: pela oração saberemos o que fazer por Ela, descobriremos como fazer parte de Seu plano.

Devo rezar simplesmente, para que os planos de Nossa Senhora se realizem e para entender qual meu papel nesse plano, o que devo fazer segundo a vontade de Deus! Assim nos pede Nossa Senhora»:

— «*Queridos filhos, rezem para poderem compreender o plano que Deus tem através de vocês. Eu estou com vocês para lhes permitir que o realizem em sua plenitude*» *(01/87).*

Queridos amigos, durante anos realizei projetos com zelo e com as melhores das intenções, mas percebo que por causa deles, muitas vezes, me esqueci de rezar, ou não me sobrava muito tempo para as orações. Isso não está correto. É preciso retomar os primeiros tempos, é preciso que a oração diária tenha prioridade e seja meu único desejo.

Que através da oração Nossa Senhora mostre-nos a vontade de Deus para nossa vida, para podermos participar ativamente de seu plano.

"Meu filho, guarda minhas Palavras, conserva contigo meus preceitos. Observa meus mandamentos e viverás. Guarda meus ensinamentos como a pupila de teus olhos. Traze-os ligados aos teus dedos, grava-os em teu coração" (Pr 7,1-3).

9.
Mensagens de Nossa Senhora Rainha da Paz – do ano de 2000 a 2003

— *«Queridos filhos, convido-os à oração incessante. Se rezarem, estarão mais próximos de Deus e Ele os conduzirá pela estrada da Paz e da salvação. Por isso, hoje os convido a darem a Paz aos outros. Somente em Deus está a verdadeira Paz. Abram seus corações e tornem-se doadores de Paz, e os outros, em vocês e por meio de vocês, descobrirão a Paz. Assim, vocês testemunharão a Paz e o Amor que Deus lhes concede. Obrigada por terem correspondido a meu apelo» (25/01/2000).*

— *"Queridos filhos, despertem do sono da incredulidade e do pecado, pois este é um tempo de graça que Deus lhes dá. Aproveitem esse tempo e peçam a Deus a graça da cura, a fim de que possam ver, com o coração, Deus e os homens. Rezem de modo particular por aqueles que ainda não conhecem o Amor de Deus, e testemunhem com sua vida, para que também eles possam conhecer a Deus e seu imensurável amor. Obrigada por terem correspondido a meu apelo» (25/02/2000).*

— *"Queridos filhos, rezem e aproveitem este tempo, porque é um tempo de graça. Eu estou com vocês e intercedo por cada um junto de Deus, para que seus corações se abram ao Senhor e a Seu Amor. Filhinhos, rezem sem cessar, a fim de que a oração se torne alegria para vocês. Obrigada por terem correspondido a meu apelo» (25/03/2000).*

— *"Queridos filhos, também hoje eu os convido à conversão. Vocês estão muito preocupados com as coisas materiais e pouco com as espirituais. Abram seus corações e novamente trabalhem mais por sua conversão pessoal. Decidam-se cada dia a dar mais tempo a Deus e à oração, até que a oração se torne para vocês um alegre encontro com Deus. Somente assim, sua vida terá sentido e contemplarão com alegria a vida eterna. Obrigada por terem correspondido a meu apelo» (25/04/2000).*

— *"Queridos filhos, alegro-me com vocês e, neste tempo de graça, convido-os a uma renovação espiritual. Rezem, filhinhos, para que o Espírito Santo habite em vocês em plenitude e, assim, possam, na alegria, ser testemunhas a todos os que estão distantes da Fé. Rezem, filhinhos, invocando especialmente os dons do Espírito Santo, a fim de que, no espírito de amor, cada dia e em qualquer situação, estejam mais próximos do irmão, superando toda dificuldade com sabedoria e amor. Eu estou com vocês e intercedo por todos junto a Jesus. Obrigada por terem correspondido a meu apelo» (25/05/2000).*

— *"Queridos filhos, hoje eu os convido à oração. Quem reza não tem medo do futuro. Filhinhos, não se esqueçam: Eu estou com vocês e amo a todos! Obrigada por terem correspondido a meu apelo» (25/06/2000).*

— *"Queridos filhos, não esqueçam que aqui sobre a terra vocês estão a caminho da eternidade e que sua morada é no céu. Por isso, filhinhos, estejam abertos ao amor de Deus e deixem o egoísmo e o pecado. Que sua alegria seja unicamente descobrir Deus na oração cotidiana. Por isso, utilizem este tempo e rezem, rezem, rezem, e Deus está perto de vocês na oração e através da oração. Obrigada por terem correspondido a meu apelo» (25/07/2000).*

— *"Queridos filhos, desejo compartilhar com vocês minha alegria. Sinto em meu Coração Imaculado que são muitos os que se aproximaram de mim e que, de maneira especial, estão alcançando em seus corações a vitória de Meu Imaculado Coração, por meio da oração e da conversão. Quero agradecer-lhes e incentivá-los a trabalharem ainda mais por Deus e por seu reino, com a força e o amor do Espírito Santo. Eu estou com vocês e os abençôo com minha bênção materna. Obrigada por terem correspondido a meu apelo» (25/08/2000).*

— *"Queridos filhos, hoje eu os convido a abrirem-se à oração. Que a oração se torne alegria para vocês. Renovem a oração em suas famílias e formem Grupos de Oração. Dessa maneira, vocês experimentarão a alegria na oração e na comunhão. Obrigada por terem correspondido a meu apelo» (25/09/2000).*

— *"Queridos filhos, agora que o céu está perto de vocês de uma forma toda particular, Eu os convido à oração, para que, por meio dela, vocês coloquem Deus em primeiro lugar. Filhinhos, hoje eu estou junto de vocês e os abençôo, a cada um, com minha bênção materna. Assim, adquirirão força e manifestarão seu amor por todas as pessoas que conhecerem na vida terrena e a elas poderão transmitir o Amor de Deus. Regozijo-me com vocês e desejo contar-lhes que seu irmão Slavko nasceu para o céu e intercede por vocês. Obrigada por terem correspondido a meu apelo» (25/11/2000 – 1 dia após a morte do padre Slavko).*

— *«Queridos filhos, hoje convido-os a renovarem a oração e o jejum ainda com maior entusiasmo, até que a oração se torne alegria para vocês. Filhinhos, quem reza não teme o futuro e quem jejua não teme o mal. Repito-lhes ainda uma vez: somente com a oração e o jejum pode-se acabar com as guerras, as guerras da incredulidade de vocês e do medo do futuro. Eu estou com vocês e ensino-lhes: sua paz e sua esperança estão em Deus. Por isso, aproximem-se de Deus e coloquem-No em primeiro lugar em suas vidas. Obrigada por terem correspondido a meu apelo» (25/01/01).*

— *«Queridos filhos, este é um tempo de graça. Por isso rezem. Rezem, rezem, até que compreendam o Amor de Deus a cada um de vocês. Obrigada por terem correspondido a meu apelo» (25/02/01).*

— *«Queridos filhos, hoje Eu os convido ao Amor e à misericórdia. Amem-se uns aos outros como Seu Pai os ama. Sejam misericordiosos, com o coração! Façam boas obras sem demora. Cada obra de misericórdia feita com o coração os aproxima mais de meu Filho. Obrigada por terem correspondido a meu apelo». 18/03/01).*

— *«Queridos filhos, também hoje os convido a abrirem-se à oração. Filhinhos, vocês vivem num tempo em que Deus lhes concede grandes graças, mas não sabem aproveitá-las. Vocês preocupam-se com todas as coisas, menos com a alma e com a vida espiritual. Despertem desse sono pesado de sua alma e digam Sim a Deus com todas as suas forças. Decidam-se pela conversão e pela santidade. Eu estou com vocês, filhinhos, e os convido à perfeição de sua alma e de tudo que fizerem. Obrigada por terem correspondido a meu apelo» (25/03/01).*

— *«Queridos filhos, também hoje, Eu os convido à oração. Filhinhos, a oração opera milagres. Quando vocês ficam cansados e doentes e não entendem o sentido da vida, peguem o Terço e rezem; rezem até que a oração se torne para vocês um alegre encontro com o Salvador. Eu estou com vocês, intercedo e rezo por vocês. Obrigada por terem correspondido a meu apelo» (25/04/01).*

— *«Queridos filhos, neste tempo de graça, convido-os à oração. Filhinhos, vocês trabalham tanto, mas sem a bênção de Deus. Bendigam e procurem a sabedoria do Espírito Santo para que os guie neste tempo, para poder compreender e viver na graça deste tempo. Convertam-se, filhinhos, e ajoelhem-se no silêncio de seu coração. Coloquem Deus no centro de seu ser, de modo que vocês possam testemunhar na alegria as belezas que Deus lhes presenteia continuamente em sua vida. Obrigada por terem correspondido a meu apelo». 25/05/01).*

— *«Queridos filhos, estou com vocês e a todos abençôo com minha bênção materna. Hoje, de maneira especial, quando Deus lhes dá abundantes graças, rezem e procurem Deus por meio de Mim. Deus lhes dá grandes graças, por isso, filhinhos, aproveitem esse tempo de graça e aproximem-se de meu coração, para que possa conduzi-los a meu Filho Jesus. Obrigada por terem correspondido a meu apelo» (25/06/01).*

— *«Queridos filhos, neste tempo de graça, convido-os a se aproximarem mais ainda de Deus por meio de sua oração pessoal. Utilizem bem o tempo de descanso e dêem a sua alma e a seus olhos o repouso em Deus. Encontrem a paz na natureza e descobrirão Deus Criador, a Quem poderão render graças por todas as criaturas; assim, encontrarão a alegria em seus corações. Obrigada por terem correspondido a meu apelo» (25/07/01).*

— *«Queridos filhos, hoje convido todos vocês a decidirem-se pela santidade. Filhinhos, que a santidade esteja sempre em primeiro lugar em seus pensamentos e em cada situação, no trabalho e nas conversas. Dessa forma, vocês a colocarão em prática, pouco a pouco e, passo a passo, a oração e a decisão pela santidade entrarão em suas famílias. Sejam verdadeiros com vocês mesmos e não se prendam às coisas materiais, mas a Deus. Não esqueçam, filhinhos, de que a vida de vocês é passageira como a de uma flor. Obrigada por terem correspondido a meu apelo» (25/08/01).*

— *«Queridos filhos, também hoje os convido à oração, especialmente hoje, quando satanás quer a guerra e o ódio. Eu os convido de novo, filhinhos: rezem e jejuem a fim de que Deus lhes dê a paz. Testemunhem a paz em cada coração e sejam portadores de paz neste mundo sem paz. Eu estou com vocês e intercedo junto a Deus em favor de cada um de vocês. Não tenham medo, porque quem reza não tem medo do mal e não tem ódio no coração. Obrigada por terem correspondido a meu apelo» (25/09/01).*

— *«Queridos filhos, também hoje convido-os a rezarem com todo o coração e a amarem-se uns aos outros. Filhinhos, vocês foram escolhidos para testemunharem a paz e a alegria. Se não há paz, rezem e a receberão. Através de vocês e de sua oração, filhinhos, a paz começará a escorrer pelo mundo. Por isso, rezem, rezem, rezem, porque a oração opera milagres no coração dos homens e no mundo. Eu estou com vocês e agradeço a Deus em nome de cada um de vocês, que com seriedade acolheram e vivem a oração. Obrigada por terem correspondido a meu apelo» (25/10/01).*

— *«Queridos filhos, neste tempo de graça, Eu os convido novamente à oração. Filhinhos, rezem e preparem seus corações para a vinda do Rei da Paz, que, com sua bênção, pode dar a paz ao mundo inteiro. A falta de paz começou a reinar nos corações e o ódio domina o mundo. Por isso, vocês que vivem minhas mensagens sejam luz e mãos estendidas para este mundo sem fé, a fim de que todos possam conhecer o Deus do Amor. Não se esqueçam, filhinhos, Eu estou com vocês e abençôo-os a todos. Obrigada por terem correspondido a meu apelo» (25/11/01).*

— *«Caros filhos, hoje os convido e os exorto à oração pela paz. Especialmente hoje, Eu os convido, trazendo-lhes em minhas mãos o recém-nascido Jesus, a unirem-se a Ele por meio da oração e a tornarem-se sinal para este mundo conturbado. Encorajem-se uns aos outros, filhinhos, à oração e ao amor. Que sua fé seja uma exortação aos outros a fim de que creiam e amem mais. Abençôo-os a todos e os convido a estarem mais próximos de Meu Coração e do Coração do Menino Jesus. Obrigada por terem correspondido a meu apelo». 25/12/01).*

— «Caros filhos, nestes tempos, enquanto vocês ainda guardam em si o ano passado, Eu lhes convido a olhar profundamente para dentro de seu coração e a decidirem-se a estar mais próximos de Deus e da oração. Filhinhos, vocês ainda estão ligados às coisas terrenas e pouco às espirituais. Que também este meu convite de hoje seja para vocês um estímulo a decidirem-se por Deus e pela conversão diária. Não podem se converter, filhinhos, sem deixar os pecados e sem se decidirem pelo amor a Deus e ao próximo. Obrigada por terem correspondido a meu apelo» (25/01/2002).

— «Queridos filhos, neste tempo de graça, convido-os a se tornarem amigos de Jesus. Rezem pela paz em seus corações e trabalhem em sua conversão pessoal. Filhinhos, somente assim poderão tornar-se testemunhas da paz e do amor de Jesus no mundo. Abram-se à oração para que a oração se torne para vocês uma necessidade. Convertam-se, filhinhos, e trabalhem para que mais almas possam encontrar Jesus e Seu Amor. Eu estou perto de vocês e os abençôo a todos. Obrigada por terem correspondido a meu apelo» (25/02/2002).

— «Queridos filhos, hoje Eu os convido a unirem-se a Jesus na oração. Abram seus corações a Ele e dêem-Lhe tudo o que neles há: alegrias, tristezas e enfermidades. Que este seja um tempo de graça para vocês. Rezem, filhinhos, e que cada momento seja de Jesus. Eu estou com vocês e intercedo por todos. Obrigada por terem correspondido a meu apelo». 25/03/2002).

— *«Queridos filhos, alegrem-se comigo neste tempo de Primavera, quando toda a natureza está despertando e seus corações almejam uma mudança. Abram-se, filhinhos, e rezem. Não se esqueçam de que Eu estou com vocês e desejo levá-los todos a meu Filho, para que Ele lhes possa dar o Dom do Amor sincero a Deus e a aceitação de tudo o que Dele vem. Abram-se à oração e peçam a Deus a conversão de seus corações. Tudo o mais Ele vê e providencia. Obrigada por terem correspondido a meu apelo» (25/04/2002).*

— *«Queridos filhos, hoje eu os convido a colocarem a oração em primeiro lugar em sua vida. Rezem e que a oração, filhinhos, seja motivo de contentamento para todos. Estou com vocês e intercedo em favor de cada um. Que vocês, filhinhos, sejam alegres portadores de minhas mensagens e sua vida comigo, uma alegria constante. Obrigada por terem correspondido a meu apelo» (25/05/2002).*

— *«Queridos filhos, hoje rezo por vocês e com vocês, para que o Espírito Santo os ajude e aumente sua fé, a fim de que possam aceitar ainda mais as mensagens que lhes dou aqui neste lugar santo. Filhinhos, compreendam que este é um tempo de graças para cada um de vocês e comigo, filhinhos, estarão seguros. Desejo conduzir todos vocês pelo caminho da santidade. Vivam minhas mensagens e coloquem na vida cada palavra que lhes dou; que elas sejam preciosas para vocês, porque vêm do Céu! Obrigada por terem correspondido a meu apelo» (25/06/2002 – Aniversário das aparições – 21 anos).*

— *«Queridos filhos, hoje Eu me alegro com seu Santo Padroeiro e convido-os a estarem abertos à vontade de Deus, para que a fé cresça em vocês e, por meio de vocês, nas pessoas que encontrarem em sua vida diária. Filhinhos, rezem até que a oração se torne alegria para vocês. Peçam a seus Santos protetores que os ajudem a crescer no amor a Deus. Obrigada por terem correspondido a meu apelo» (25/07/2002 – Festa de São Tiago).*

— «Queridos filhos, também hoje eu estou com vocês em oração para que Deus lhes dê uma fé ainda mais forte. Filhinhos, a fé de vocês é fraca e, além disso, nem sequer estão conscientes do quanto não estão predispostos a pedir a Deus o dom da fé. Por isso, estou com vocês, filhinhos, para ajudá-los a compreender minhas mensagens e a colocá-las na vida. Rezem, rezem, rezem e, somente na fé e por meio da oração, a alma de vocês encontrará a paz, e o mundo, a alegria de estar com Deus. Obrigada por terem correspondido a meu apelo» (25/08/2002).

— «Queridos filhos, também neste tempo sem paz, convido-os à oração. Filhinhos, rezem pela paz para que, no mundo, cada homem sinta amor pela paz. Somente quando a alma encontra paz em Deus ela se sente feliz e o amor percorre o mundo. De maneira especial, filhinhos, vocês são chamados a viver e a dar testemunho da paz: paz em seus corações e nas famílias, e, por meio de vocês, a paz propagar-se-á também no mundo. Obrigada por terem correspondido a meu apelo» (25/09/2002).

— «Queridos filhos, também hoje os convido à oração. Creiam, filhinhos, com a oração simples podem ser operados milagres. Por meio de sua oração, abram seus corações a Deus e Ele opera milagres em sua vida. Vendo os frutos, o coração de vocês se enche de alegria e de gratidão a Deus por tudo quanto Ele faz na vida de vocês e, por meio de vocês, pelos outros. Rezem e creiam, filhinhos, Deus lhes concede graças e vocês não as percebem. Rezem e as verão. Que o dia de vocês seja pleno de oração e de agradecimento por tudo quanto Deus lhes concede. Obrigada por terem correspondido a meu apelo» (25/10/2002).

— *«Queridos filhos, convido-os também hoje à conversão. Abram seus corações a Deus, filhinhos, por meio da Santa Confissão, e preparem suas almas para que o Menino Jesus possa novamente nascer em seus corações. Permitam-Lhe transformá-los e conduzi-los pelo caminho da paz e da alegria. Filhinhos, decidam-se pela oração. De maneira particular agora, neste tempo de graça, em que seus corações anseiam pela oração. Eu estou perto de vocês e intercedo diante de Deus por todos vocês. Obrigada por terem correspondido a meu apelo» (25/11/2002).*

— *«Queridos filhos, este é um tempo de grandes graças, mas também de grandes provações para todos aqueles que desejam seguir o caminho da paz. Por isso, filhinhos, convido-os novamente: rezem, rezem, rezem, não com palavras, mas com o coração. Vivam minhas mensagens e convertam-se. Estejam conscientes do dom que Deus me concedeu de estar com vocês, especialmente hoje quando tenho em meus braços o Menino Jesus, Rei da Paz. Desejo dar-lhes a paz, e vocês levem-na em seus corações e dêem-na aos outros, até que a paz de Deus reine no mundo. Obrigada por terem correspondido a meu apelo» (25/12/2002).*

— *«Queridos filhos, convidei-os como uma Mãe convida os filhos e vocês responderam. Permita agora que Eu encha o seu coração de amor, para que ele se torne verdadeiramente um coração de amor, que poderão dar aos outros sem reserva. É desta forma que melhor poderão ajudar-Me na missão pela conversão dos Meus filhos que ainda não fizeram a experiência do amor de Deus e de meu Filho. Obrigada por terem correspondido a meu apelo»(02/01/2003).*

— *«Queridos filhos, com esta mensagem convido-os novamente a rezarem pela paz. Especialmente agora, quando a paz está em crise, sejam vocês aqueles que rezam e que testemunham a paz. Filhinhos, sejam paz neste mundo sem paz! Obrigada por terem correspondido a meu apelo» (25/01/2003).*

— *«Queridos filhos, também hoje os convido a rezarem e a jejuarem pela paz. Como já disse, novamente lhes repito, filhinhos, somente com a oração e o jejum as guerras podem também ser evitadas. A paz é um dom precioso de Deus. Procurem-na, peçam e a receberão. Falem da paz e levem a paz em seus corações. Cuidem da paz como de uma flor que necessita de água, ternura e luz. Sejam aqueles que levam a paz aos outros. Eu estou com vocês e intercedo por todos vocês. Obrigada por terem correspondido a meu apelo» (25/02/2003).*

— *«Queridos filhos, particularmente, neste tempo santo, de penitência e de oração, convido-os a uma escolha. Deus lhes deu a liberdade para escolher a vida ou a morte. Escutem com o coração minhas mensagens para reconhecerem o que devem fazer e como encontrar o caminho que conduz à vida. Meus filhinhos, sem Deus vocês nada poderão fazer; não se esqueçam disso nem por um instante. Quem são vocês e o que serão na terra, quando a ela retornarem. Não encolerizem Deus, mas sigam-No toda a vida. Obrigada por terem correspondido a meu apelo» (18/03/2003).*

— *«Queridos filhos, também hoje os convido a rezarem pela paz. Rezem com o coração, filhinhos, e não percam a esperança, porque Deus ama Suas criaturas. Ele deseja salvá-los, cada um de vocês, por meio de minhas aparições aqui. Convido-os ao caminho da santidade. Rezem e, na oração, estejam abertos à vontade de Deus, e assim, em tudo o que fazem, realizem o plano de Deus em vocês e por meio de vocês. Obrigada por terem correspondido a meu apelo» (25/03/2003).*

— *«Queridos filhos, também hoje os convido a abrirem-se à oração. No tempo da Quaresma que passou, vocês compreenderam o quanto são pequenos e quão pequena é a fé de vocês. Filhinhos, decidam-se também hoje por Deus, a fim de que Ele, em vocês e por meio de vocês, transforme os corações das pessoas e também seus corações. Sejam alegres portadores de Jesus Ressuscitado neste mundo sem paz, que anseia ardentemente por Deus e por tudo o que é de Deus. Eu estou com vocês, filhinhos, e amo-os com especial amor. Obrigada por terem correspondido a meu apelo» (25/04/2003).*

— *«Queridos filhos, também hoje os convido à oração. Renovem sua oração pessoal e, de maneira especial, rezem ao Espírito Santo para que os ajude a rezar com o coração. Intercedo por todos vocês, filhinhos, e convido-os todos à conversão. Se vocês se converterem, todos à volta de vocês serão também renovados e a oração será alegria para eles. Obrigada por terem correspondido a meu apelo» (25/05/2003).*

— *«Queridos filhos, também hoje, com grande alegria, convido-os a viverem minhas mensagens. Estou com vocês e agradeço-lhes porque em suas vidas, vocês colocaram em prática aquilo que lhes estou dizendo. Convido-os a viverem ainda mais minhas mensagens com renovado entusiasmo e alegria. Que a oração seja sua prática diária. Obrigada por terem correspondido a meu apelo» (25/06/2003 – Aniversário das aparições – 22 anos).*

— *«Não temam, Eu estou sempre com vocês. Abram seus corações para que entrem o amor e a paz. Rezem pela paz, paz, paz! Obrigada por terem correspondido a meu apelo» (25/06/2003, mensagem dada a Ivanka).*

10.
Padre Slavko Barbaric

Pe. Slavko foi um sacerdote especial, a quem devo uma imensa gratidão por ter, através de seus livros, mantido, durante estes quinze anos, acesa a chama da graça recebida. Devo reconhecer quão importantes foram seus escritos, os quais recomendo a todos, para fortalecer minha fé, nesta caminhada de longos anos. O livro *"Rezem com o Coração"* contém orações que rezo diariamente. Outros, como: *"Dá-me teu coração ferido"* (sobre a Confissão), *"Celebrem a Missa com o coração"* (sobre a Eucaristia), *"Na escola do Amor"*, também são riquíssimos de palavras e orações que elevam meu espírito e me transportam para Medjugorje, lugar santo e abençoado!

Não poderia deixar de mencionar, neste livro, minha gratidão e meu reconhecimento a esse Sacerdote consagrado à Rainha da Paz, que faleceu em 24 de novembro de 2000.

Nascido dia 11 de março de 1946, em Dragicina (Bósnia Herzegóvina), recebeu o hábito franciscano em 14/07/1965 e foi ordenado Sacerdote em 19/12/1971, em Reutte (Áustria).

Pe. Slavko, em razão de seus conhecimentos de línguas européias e de seu extremado amor a Nossa Senhora, estava em Medjugorje sempre que podia (desde 1983), para atuar junto aos peregrinos e, a partir de 1991, foi transferido para lá, onde permaneceu até sua morte, em 24/11/2000.

Sacerdote exemplar, engajado e corretíssimo na celebração da Liturgia, na palavra da homilia, na escrita de seus livros, manifestou com edificante testemunho sua fé robusta, demonstrando quão grande é o amor de Deus para com os homens e sua criação.

Nos inúmeros encontros com peregrinos em Medjugorje, e por meio de seus livros, publicados em 20 idiomas diferentes, com uma tiragem total de mais de 20 milhões de exemplares, fez com que as pessoas reconhecessem sua profunda confiança em Deus, descobrindo que Ele é nosso Pai e que nos ama infinitamente. Não só acolheu o chamado de Nossa Senhora em Medjugorje, mas também se tornou um valioso e convincente instrumento do apelo da Mãe para a conversão e o testemunho da Fé.

Pe. Slavko Barbaric (†24/11/2000)

Em 20 de janeiro de 1989, esteve no Brasil por um mês, percorrendo as cidades de Curitiba, Florianópolis, Porto Alegre, Campo Grande, Cuiabá, Brasília, Belém, Terezina, Recife, João Pessoa, Maceió, Belo Horizonte, Rio de Janeiro, Taubaté, Aparecida, Ponta Grossa (PR), Joinvile, Jauru (MT), Araputanga (MT) e Campinas. Dirigiu-se a grandes multidões e a comunidades de religiosas contemplativas. Encontrou-se com quase todos os Bispos das dioceses visitadas, com outros Bispos e teólogos e, no final de sua peregrinação, dirigiu um retiro para 400 pessoas em Itaici, no meio das quais havia um Bispo e mais de 30 Sacerdotes.

Apresentou, nesses encontros, o que estava acontecendo na paróquia de Medjugorje, desde 1981, e suas meditações foram em torno de temas como conversão, paz, oração, jejum, transformação da sociedade.

Retiro com Pe. Slavko no Brasil (Itaici)

Paz: um desejo universal

«Nós fomos criados à imagem de Deus. Devemos portanto nos empenhar para alcançar a paz em relação a Deus e a paz com nossos irmãos. Em tudo o que fazemos buscamos a paz: muitos a procuram na droga, na embriaguez, nas riquezas, nas guerras, no divórcio etc.

O homem deseja a paz, mas precisa descobrir os meios adequados para alcançá-la. O jejum tem um valor extraordinário, porque ajuda a eliminar de nossa alma tudo o que impede o restabelecimento da paz. A conversão é como um relógio, por cujas batidas devemos ouvir a Deus e entrar em sintonia com o tempo de Deus. A oração é o meio através do qual aprendemos a usar o tempo de Deus. A fé nos faz ver como esse ritmo está alterado devido ao pecado.

Convido-os a analisar se seus desejos estão em sintonia com os desejos de Deus. Cada um de nós tem sua missão na terra. Ao descobrir sua missão, muitos encontraram a paz, a alegria, o amor, a fé, a esperança».

Em busca da esperança

«A esperança é um sinal para todos nós e um convite para termos a certeza de que as forças positivas são muito mais fortes do que as negativas.

Nossa Senhora procura semear em cada coração a semente da esperança: convida-nos à paz e nos faz ver que ela é possível, é realizável. Convida-nos à santidade e nos faz ver que é possível sermos santos. Convence-nos também de que o amor é possível.

Muitas pessoas cuidam apenas de não pecar... Não somos cristãos apenas para não pecar; somos cristãos para levar ao mundo os valores positivos, o Amor. Quando me decido pela paz, não posso mais viver em conflito com ninguém. Se alguém me agride, passo adiante e não quebro a paz. É na oração que encontro forças para evitar os choques, pois é rezando que me encontro com o Senhor, alcançando energias positivas, e a paz que somente Ele pode nos conceder. Todos os conflitos, também as guerras, são a falta dessas energias positivas em nós. Cada um de nós sente profundamente o desejo de realizar coisas positivas. Daí a razão por que, quando vivemos em sintonia com Deus, nos sentimos fortes e nenhuma circunstância poderá gerar conflitos. Nenhuma situação conseguia tirar a paz do Coração de Jesus. Nossa Senhora nos assegura que também nós poderemos obter essa paz, mas para alcançá-la temos necessidade da conversão, da oração e do jejum. É preciso abandonar-se no Senhor e deixar-se guiar por Ele».

Colocar-se à disposição de Deus

«Nossa Senhora pede que rezemos o dia inteiro, principalmente pela manhã e à noite. É muito importante rezar pela manhã. Pela manhã, coloco-me à disposição de Deus, com os dons que Ele me deu. Ao colocar-me à disposição do Senhor, estou colocando-me, ao mesmo tempo, à disposição dos irmãos. Essa disponibilidade deve traduzir-se concretamente na vida prática. Quando nos colocamos à disposição de Deus, estamos em sintonia com Deus e disponíveis a nossos irmãos».

É preciso que Ele cresça

«Eis o núcleo, o centro da conversão: Deus deve crescer e eu, diminuir. Diminuir significa sair de si mesmo, acabar com o egoísmo, com o orgulho e colocar-se em condição de disponibilidade que, por conseqüência, gera humildade.

O verdadeiro orgulho consiste em não dar a Deus o primeiro lugar em nossa vida. As pessoas que viveram completamente entregues a Deus, quanto não fizeram pelo próximo e quanto não glorificaram a Deus com suas obras!"

A conversão

«A primeira razão que nos deve levar à conversão é entendermos que o Amor de Deus não tem limites: é o Amor de

Deus que deseja nossa conversão, a fim de que não nos condenemos. Deus nos ama e por isso deseja nosso crescimento espiritual. É esta a razão por que, quando se dá a conversão, Ele nos transmite profunda alegria. Sou amado por Ele, mesmo quando eu não demonstre amor. Sou procurado por Ele, ainda quando me encontre afastado e cada vez mais distante. Ainda que eu coloque uma série de obstáculos, Ele me oferece a paz. Oferece-me também a Luz Eterna, quando me sinto limitado e obscurecido em minhas preces.

Conversão é compreender e aceitar, como condição primeira, o Amor de Deus por nós. No céu, viveremos o Amor e procuraremos, cada vez mais, o Amor. Descoberto que seja o Amor, devemos levá-lo aos outros. Escondê-lo, seria o mesmo que sufocá-lo e deixá-lo morrer. A conduta Pastoral deve ser também: receber o Amor e dá-lo aos outros.

A condição fundamental para a conversão é o Amor de Deus. É Amor, porque se difunde e oferece. Por essa razão, a conversão é realmente um Dom de Deus. Mas é preciso que nos esforcemos para consegui-la e os meios para isso são: a oração, o jejum e a fé. Todas as nossas práticas religiosas, nossas orações, o jejum, buscam a mesma finalidade: a abertura total a Deus, isto é, abrem nossos corações para receber Seus dons. Medjugorje é importante porque nos propicia esse primeiro impulso à conversão que é, sem dúvida, uma graça especial de Deus. O primeiro impulso desencadeia o processo de conversão que a ele se segue. Quando rezamos pela conversão dos outros, estamos pedindo esse primeiro impulso. Daí para a frente, compete a cada um desenvolvê-la no relacionamento com Deus».

A Confissão

«Para nosso crescimento espiritual, devemos adquirir o hábito da confissão, mesmo que não sintamos o pecado. Muitos pensam em confessar-se somente para receber o perdão dos pecados e nada mais. A confissão, entretanto, tem a faculdade de curar também as feridas causadas pelo pecado. Compreendemos o

pecado na medida em que entendemos que ele causa destruição. A boa confissão tem início no momento em que percebo que coisa destruí em mim mesmo ao cometer o pecado, e quando percebo também que meu crescimento espiritual estacionou por causa de meu comportamento. Ao meditar sobre isto, recorro à Misericórdia Divina, para que me cure. Se eu perceber, por exemplo, que não cresci no amor, por não ter rezado, então passarei a rezar mais, porque o Amor é muito importante para mim».

A Oração

«A oração é um constante procurar e encontrar a Deus. Procurar a Deus é o primeiro fundamento de toda e qualquer oração. Procurá-Lo sempre é encontrá-Lo sempre. Nossa Senhora nos diz: «Não busquem a Deus, motivados por seus desejos e interesses, e sim, por causa de Seu Amor!».

Procedendo dessa maneira, até as menores coisas, as mínimas necessidades serão atendidas pelo Senhor. Receberemos o cêntuplo, como Jesus nos prometeu. Por isso, é necessário mudar os objetivos de nossas orações. Devemos rezar pedindo nossa santificação. Quem busca a Deus, várias vezes durante o dia, está buscando energia, paz, amor, vida.

Só uma graça devemos pedir ao Senhor, a mais importante delas: o AMOR. Se nós a pedirmos, Ele no-la dará. Se for esta a nossa intenção de sempre, quantas coisas bonitas Deus fará, através de nós, iniciando-se assim a realização da paz...

Nossa Senhora nos pede a Consagração. Quem se consagra é convidado a viver uma vida com alguém que já é santo, é convidado a viver uma nova comunhão com Deus. Consagrar-se é viver com Deus da mesma forma que Nossa Senhora viveu com Jesus: «Não vivo mais sozinho, Deus está comigo!». Estar consagrado significa também ficar curado das conseqüências provocadas pelo pecado, libertando-se do próprio pecado. Passa-se a viver uma nova situação de sanidade e santidade. Tudo isso tem início no Batismo. Pelo Batismo Deus nos curou do pecado original, tirou-nos das trevas e levou-nos para a Luz. Devemos fazer nossa consagração, para nos tornarmos Povo Santo do Senhor, a Ele consagrados, e assim poderemos levar nossos irmãos ao caminho da Paz.

Sede agradecidos! Nossa Senhora nos agradece, após cada mensagem, e nos ensina a agradecer incessantemente. Agradecer é sinônimo de fé, amor e paz. Convidando-nos Nossa Senhora para sempre agradecermos, Ela quer que tenhamos olhos para os bens que recebemos. Não devemos ignorar as situações difíceis nem os sofrimentos, mas é preciso que se contem os aspectos positivos de nossa vida. É uma regra de ouro descobrir o lado positivo das criaturas. Só se constróem coisas boas, quando elas têm início nos aspectos positivos. O agradecimento é muito ligado à Paz».

A morte do Pe. Slavko e sua última homilia

Pe. Slavko faleceu súbita e inesperadamente, quando descia do monte Krizevak, após ter feito a Via-Sacra com paroquianos e peregrinos. Era uma sexta-feira, dia 24 de novembro de 2000, por volta das 15h30min, quando entre a 13ª e a 14ª estações da Via-Sacra, ele, sentindo-se mal, sentou-se e exalou o último suspiro. O Pai, que muito o ama, mandou buscá-lo, da mesma forma que Nossa Senhora ofereceu seu Filho, na 13ª estação. Maria, Rainha da Paz, foi quem o recebeu e o conduziu a seu Filho. Pe. Slavko, no dia de sua morte, celebrou a Santa Missa às 9h00, na Igreja paroquial de Medjugorje, e sua última homilia foi um agradecimento:

«Todas as mensagens de Nossa Senhora terminam com um 'Muito obrigada por terem correspondido a meu apelo'. Quando ouvimos pela primeira vez o Seu 'obrigada', ficamos confusos, porque nós que invocamos a Deus é que deveríamos agradecer. Mas Nossa Senhora nos diz que somos muito importantes para Ela, que nada pode fazer sem nossa ajuda. É difícil acreditar que

assim seja, mas é verdade. Nossa Senhora vê o mundo com os olhos do Amor, vê a bondade, mesmo que pequenina, insuficiente ainda, mas Ela vê... Vê e agradece! A gratidão é uma das melhores regras da pedagogia. Quando se pretende ajudar ou educar uma pessoa, deve-se, antes de mais nada, ver o que existe de bom dentro dela, por mínimo que seja. Daí, imagina-se como ela poderia ser e trabalha-se em cima dessa possibilidade. Não conseguimos ver o lado bom, se começamos a criticar, condenar, rejeitar. Nossa Senhora vê as coisas boas do mundo, e também o que poderia ser melhorado e sobre isso dispõe-se a trabalhar. Encontramos em suas mensagens muitas coisas positivas, muita esperança, alento e coragem.

Deus nos quer a todos no tempo e no lugar em que nos encontramos. Criou-nos e favoreceu-nos com dons especiais, os quais, com a ajuda de sua graça, são desenvolvidos pelo Espírito Santo. Com esses dons em crescimento é que servimos a Deus, servindo ao próximo. Todos somos indispensáveis no local e na época em que Deus nos colocou. Muitos se revoltam ou desejam fazer mais coisas que o próprio Criador. Isso não é correto. Devemos abrir nossos olhos e ouvidos para o tempo de hoje, indo ao encontro das pessoas com as quais convivemos. Essa é sua tarefa primeira: onde você estiver, sua pessoa é indispensável e insubstituível. É ali que Deus espera por você e quer precisar de você. Nossa Senhora despertou em nós as forças positivas e Lhe somos gratos por isso. Os seguidores de Maria não têm tempo para criticar. Estamos vivendo um novo tempo, uma nova primavera, que é um tempo de decisões acertadas. Lá onde tudo parece estar velho, carcomido e sem recuperação, é lá que um novo mundo vai florescer. Quando se decide amar a Deus e aos outros como a si mesmo, é o começo do novo tempo e, se muitos o fizerem, então o tempo novo chegará brevemente! A todos os que seguem Nossa Senhora no mundo inteiro, meu muito obrigado!».

11.
Orações de Medjugorje

Os 7 Pai-nossos, Aves e Glórias

Essas orações já eram uma tradição na vila de Medjugorje. Eram rezadas pelos idosos do lugar, em honra das 7 dores de Nossa Senhora. Depois, Ela pediu no início, também, a reza do Creio, sua oração preferida. Vicka diz que, quando começa a rezar o Creio, Nossa Senhora não pára de sorrir e nunca A vê tão feliz quanto durante essa oração. Nossa Senhora ensinou que se rezassem os 5 primeiros Pai-nossos, Aves e Glórias em honra das chagas das mãos, dos pés e do peito de Jesus. O 6º, pelo Papa e o 7º, pedindo o Espírito Santo para nós, para nossas famílias e para o mundo inteiro.

A oração salva, traz alegria e é ocasião de festa. A convite de Nossa Senhora, as pessoas começaram a rezar, gradual e humildemente. De início, com orações simples: Creio, 7 Pai-nossos, 7 Ave-Marias e 7 Glórias.

Oração à Mãe de bondade, de amor e de misericórdia

(Ditada a Jelena, em 19/04/83)

Ó minha Mãe! Mãe de bondade, de amor e de misericórdia! Amo-Vos imensamente e ofereço-me a Vós. Por meio de Vossa bondade, Vosso amor e Vossa misericórdia, salvai-me! Desejo ser Vosso. Amo-Vos imensamente e desejo Vossa proteção. Do íntimo de meu coração, peço-Vos, ó Mãe de bondade, concedei-me Vossa bondade, para que, por meio dela, eu alcance o Céu. Peço-Vos, por Vosso imenso amor, que me concedais a graça de poder amar a cada um como amastes a Jesus Cristo. Peço-Vos a graça de ser-Vos grato. Ofereço-me completamente a Vós e desejo que estejais comigo em cada passo, porque Vós sois cheia de graça. Desejo nunca me esquecer de Vossa graça e, se perdê-la, peço-Vos para fazer-me encontrá-la de novo. Amém.

Consagração ao Sagrado Coração de Jesus
(Ditada a Jelena, em 28/11/83)

Ó Jesus, sabemos que fostes manso e oferecestes, por nós Vosso Coração. Coração coroado por espinhos e por nossos pecados. Sabemos que hoje também rezais por nossa salvação. Jesus, lembrai-Vos de nós quando cairmos no pecado. Fazei que, por meio de Vosso Santíssimo Coração, todos nós, seres humanos, nos amemos. Desapareça o ódio do seio da humanidade. Mostrai-nos Vosso amor. Todos nós Vos amamos e desejamos que Vosso Coração de Pastor nos proteja de todo o pecado. Entrai em todos os corações, ó Jesus! Batei. Batei à porta de nosso coração. Sede paciente e perseverante. Nós continuamos ainda fechados, porque não compreendemos Vossa vontade. Batei continuamente. Fazei, ó bom Jesus, que saibamos abrir para Vós nossos corações, ao menos quando nos lembrarmos de Vossa paixão, que sofrestes por nós. Amém.

Consagração ao Imaculado Coração de Maria
(Ditada a Jelena, em 28/11/83)

Ó Coração Imaculado de Maria, repleto de bondade, mostrai-nos Vosso amor. A chama de Vosso Coração, ó Maria, desça sobre todos os homens. Nós Vos amamos infinitamente. Imprimi em nossos corações o verdadeiro amor, para que sintamos o desejo de

Vos buscar incessantemente. Ó Maria, Vós que tendes um Coração suave e humilde, lembrai-Vos de nós quando cairmos no pecado. Vós sabeis que todos os homens pecam. Concedei que, por meio de Vosso Imaculado e Materno Coração, sejamos curados de toda doença espiritual. Fazei que possamos sempre contemplar a bondade de Vosso Materno Coração e nos convertamos por meio da chama de Vosso Coração. Amém!

A bênção especial de Nossa Senhora

A primeira vez que Nossa Senhora deu essa bênção foi em 5 de agosto de 1985, através do Ivan: «Querid*os filhos! Eu estou feliz em estar com vocês nesta noite e vê-los em tão grande número. Eu os abençôo com uma bênção especial*».

Depois, em muitas ocasiões, principalmente em dias de Festa, Ela concede essa bênção, que, em Seu nome, deve ser transmitida às outras pessoas.

Durante uma aparição a Marija Pavlovic', às 10h30m da noite, em 29/11/88, disse Nossa Senhora:

«Abençoem (com a Bênção Especial) mesmo aqueles que não têm fé. Vocês podem transmitir-lhes a bênção do coração e ajudá-los em sua conversão. Abençoem a todos que encontrarem. Eu lhes dou uma graça especial. Eu desejo que vocês ofereçam essa graça aos outros».

Naquele dia (29/11/88), Nossa Senhora falou especifi-camente sobre o que Ela desejava com essa Bênção Especial. Disse Marija Pavlovic':

1. *Esta é uma bênção que tem o poder de converter e de ajudar as pessoas.*
2. *Ela pode ser transmitida a fiéis e incrédulos, para ajudá-los a se converterem ou progredirem em sua conversão.*

3. *Uma vez recebida de Nossa Senhora, ela permanece por toda a vida.*
4. *Você não precisa estar na presença de quem vai ser abençoado.*
5. *A bênção é tão poderosa quanto a fé que você possui nela (bênção) e na oração que você oferece. Quanto mais você rezar com o coração, mais forte será ela.*
6. *Se alguém receber a bênção de Nossa Senhora e abençoar outra pessoa com ela, essa pessoa a recebe no mesmo grau de quem a recebeu de Nossa Senhora. Essa segunda pessoa pode, assim, concedê-la a uma terceira pessoa, e essa a uma quarta pessoa etc. Todos receberão o dom de abençoar os outros como se o recebessem diretamente de Nossa Senhora. Essa bênção o acompanhará por toda a sua vida.*
7. *Para recebê-la diretamente de Nossa Senhora, você deve estar no local da aparição.*
8. *Para abençoar alguém, seria bom uma prece espontânea. Você poderá dizer: "Transmito a você a bênção de Nossa Senhora". Ao transmitir essa bênção a uma pessoa que não tem fé, você deverá fazê-lo em silêncio, em sua presença ou a distância. Você poderá repetir essa bênção diariamente a fim de ajudar na conversão dessa pessoa.*

N.B.: A bênção do sacerdote é a bênção de Cristo. Essa bênção especial é a de Nossa Senhora. Seja humilde ao transmiti-la, e estenda-a até mesmo àqueles que passam na rua. Nossa Senhora deu-nos um grande dom e Ela deseja que nós façamos uso dEle.

Na mensagem mensal de 25/12/88, através de Marija Pavlovic', Nossa Senhora abençoou assim: *«Hoje Eu lhes dou Minha bênção especial; levem-na a cada criatura, para que cada um receba a Paz».*

Regras para o Grupo de Oração

(Ditadas por Nossa Senhora a Jelena, em 16/06/83)

Aos grupos de oração, Nossa Senhora pede a oração individual e a oração no grupo, onde rezam, cantam e, às vezes, rezam dois a dois. Ela pediu que rezassem um Terço sozinhos, um Terço no grupo e um Terço dois a dois. Ela disse que, rezando apenas no grupo, as pessoas podem tornar-se um pouco impessoais, uns com os outros. Ela disse: voltem para suas casas e, diante da Cruz, rezem sozinhos o terceiro Terço. Em 16 de junho de 1983, Nossa Senhora ditou a Jelena as regras para o grupo de oração, que seria totalmente abandonado a Jesus:

1. *Renunciem a todas as paixões e aos desejos desordenados. Evitem a televisão, principalmente os maus programas, esportes em excesso, satisfação irracional com alimento, bebida, álcool, fumo etc.*
2. *Abandonem-se a Deus sem quaisquer restrições.*
3. *Definitivamente, eliminem toda a angústia. Aquele que se abandona a Deus não tem espaço em seu coração para angústia. As dificuldades persistirão, mas servirão para o crescimento espiritual e renderão glória a Deus.*
4. *Amem seus inimigos. Eliminem de seus corações todo ódio, inveja, julgamentos preconcebidos. Rezem por seus inimigos e peçam a bênção Divina para eles.*
5. *Jejuem duas vezes por semana a pão e água. Reúnam o grupo pelo menos uma vez por semana.*
6. *Dediquem pelo menos 3 horas diariamente à oração, das quais ao menos meia hora pela manhã e meia hora à noite. A Santa Missa e a oração do Rosário estão incluídas nesse tempo de oração. Reservem momentos de oração no curso do dia e, a cada vez que as circunstâncias o permitirem, recebam a Santa Comunhão. Rezem com grande concentração. Não olhem para o relógio o tempo todo, mas permitam-se ser guiados pela*

graça de Deus. Não se envolvam demais com as coisas deste mundo, mas confiem tudo isso a nosso Pai Celestial, através da oração. Se alguém estiver muito preocupado, não será capaz de rezar bem porque lhe faltará a serenidade interior. Deus contribuirá para a obtenção de um feliz resultado na condução de suas obrigações, quando alguém se dedica ao trabalho dEle.

7. *Aqueles que vão à escola ou ao trabalho precisam rezar por meia hora pela manhã e à noite, e, se possível, participar da Missa. É necessário estender o espírito de oração ao trabalho diário, o que significa acompanhar o trabalho com a oração.*
8. *Sejam prudentes porque o Demônio tenta todos aqueles que tomaram a resolução de se consagrarem a Deus, muito particularmente esses. Ele irá sugestioná-los por estarem rezando e jejuando demais. Dirá que devem ser como os outros jovens e irem à busca de prazeres. Não o escutem nem obedeçam. É à voz da Virgem Santíssima que devem prestar atenção. Quando estiverem firmes na fé, o demônio não mais será capaz de seduzi-los.*
9. *Rezem muito pelo Bispo e por aqueles que detêm posições na Igreja. Não menos da metade de suas orações e sacrifícios devem ser dedicadas a essa intenção.*

Nossa Senhora disse:

«As pessoas que seguirem essas regras serão consagradas, qualquer que seja seu estado de vida».

Oração pela Paz
(Pe. Slavko Barbaric)

"Jesus dá tranqüilidade ao **meu coração**. Abre-o para Tua paz. Estou cansado de tanta perturbação e incertezas. Não tenho paz. Deixo-me facilmente abater pelos problemas e pelo desânimo. Por isso, meu Jesus, suplico-lhe que meu coração encontre a paz e em Ti descanse. Sê Tu, de agora para frente, meu rochedo e minha fortaleza! Volta, Senhor, e fica comigo, porque Tu és a única fonte da verdadeira paz".

"Jesus, peço-Te com todo o coração, que faças **minha família** ser digna de Tua paz. Purifica-a de toda mancha do pecado, a fim de que Tua paz possa florescer e crescer em nós. Que Tua paz afaste de nossa família qualquer angústia e conflito. Faze que sejamos totalmente envolvidos por Tua paz e que Tu, portador da paz, sejas sempre o primeiro hóspede de nosso lar".

"Jesus, na terra, há muito, está semeada e está germinando a perigosa semente de guerras e dos mais diferentes conflitos. Eu bem sei que minha paz, como a de todos os homens, depende da paz entre os povos e nações do mundo. Por essa razão, eu Te peço, por teu divino poder, que arranques a nefasta semente da anarquia e do pecado, que são o motivo de toda desordem. Que **todo o mundo** seja aberto a Tua paz. Todos os homens, sobrecarregados em sua vida, têm necessidade de Ti. Ajuda-os, portanto, a encontrarem e a viverem a paz. Envia sobre nós o Espírito Santo, para que, às nossas desordens humanas, Ele imponha aquela primitiva ordem divina".

BIBLIOGRAFIA

Livros:

Cesca, Olivo, *Medjugorje Urgente*, 15ª edição, 1994, Secretariado Rainha Paz, RS, Edit. Pallotti, Av. Plínio Brasil Milano, 2145, Fone (051)341-0455, Porto Alegre, RS.

Pe. Barbaric, Slavko, *Rezem com o Coração*, 9ª edição, maio/95, Secretariado Rainha Paz, SP, R. Francisca Miquelina, 155, SP, CEP 01316-000, Fone (011) 3105-9787, Edições Loyola.

Pe. Barbaric, Slavko, *Celebrem a Missa com o coração* (Celebrate la messa col cuore, Editrice Medjugorje, Tocco da Casauria, Pescara), tradução de Olivo Cesca, 1994, Secretariado Rainha Paz, RS, Rua Ramiro Barcelos, 1883, CEP 900035-006, Porto Alegre, RS, Fone (051) 335-1333, Uniprom, Fone (051) 331-5079.

Irmã Emmanuel, *Medjugorje anos 90*, Edições Loyola, 1998, Rua 1822, nº 347, Ipiranga, CEP 04216-000, São Paulo, SP, Fone (011) 6914-1922.

Barbosa, Osvaldo, *Nossa Senhora aparece em Medjugorje*, 13ª edição, São Paulo, SP, Edições Loyola, 1990.

Retiro com Pe. Slavko no Brasil, Secretariado Rainha da Paz, SP, Rua Francisca Miquelina, 155, CEP 01316, São Paulo, SP, Fone (011) 3105-9787.

Periódicos:

Rainha da Paz – edição comemorativa Medjugorje: dez anos das aparições, Secretariado Rainha Paz, SP, Rua Francisca Miquelina, 155, CEP 01316, São Paulo, SP, Fone (011) 3105-9787).

Gebetsaktion, *Revista Medjugorje Rainha da Paz*, Secretariado Rainha da Paz, SP, Rua Francisca Miquelina, 155, CEP 01316, São Paulo, SP, Fone (011) 3105-9787).

Anunciando Medjugorje, Secretariado Rainha da Paz, Belo Horizonte, Rua Espírito Santo, 1059, s/411, CEP 30160-922 Belo Horizonte, MG.

Vamos viver Medjugorje, Secretariado Rainha da Paz, RJ, Caixa Postal 33097, CEP 22442-970, Rio de Janeiro, RJ, Fone (021) 2286-6011).

Eco de Medjugorje, Associação "Servos da Rainha", Caixa Postal 02576, CEP 70279-970, Brasília, DF, Fone (061) 624-5511).

Rainha da Paz, Secretariado Rainha da Paz, SP, Rua Francisca Miquelina, 155, CEP 01316, São Paulo, SP, Fone (011) 3105-9787).

ÍNDICE

Segunda parte
MINHA VIAGEM A MEDJUGORJE